누가 뭐라든
너만의 궤도를 그려라

누가 뭐라든
너만의 케로를 그려라

| 송화선 지음 |

이콘

이 책은 한 편의 시에서 시작됐다

우리는 어디로 갔다가 어디서 돌아왔느냐 자기의 꼬리를 물고 뱅뱅
돌았을 뿐이다 대낮보다 찬란한 태양도 궤도를 이탈하지 못한다 태
양보다 냉철한 뭇별들도 궤도를 이탈하지 못하므로 가는 곳만 가고
아는 것만 알 뿐이다 집도 절도 죽도 밥도 다 떨어져 빈 몸으로 돌
아왔을 때 나는 보았다 단 한 번 궤도를 이탈함으로써 두 번 다시
궤도에 진입하지 못할지라도 캄캄한 하늘에 획을 긋는 별, 그 똥,
짧지만, 그래도 획을 그을 수 있는, 포기한 자 그래서 이탈한 자가
문득 자유롭다는 것을

– 김중식 詩 이탈한 자가 문득

2009년 8월의 일이다. 경기도 용인 법무연수원에, 글씨에 푹 빠진
'괴짜' 검사가 있다는 소문을 들었다. 네 벽 가득 옛 편지를 붙여놓은

사무실에서, 구본진 검사는 범인을 잡는 열정으로 글씨를 수사하고 있었다. 한 자 한 자의 삐침과 굴곡, 기울기와 속도를 해체했다. 그걸 통해 오래 전 세상을 떠난 이의 개성과 특징을 찾아냈다. '연구를 계속하면 언젠가는 글씨만으로 범죄자를 찾을 수도 있을 거예요. 서체를 바꿈으로써 사람을 바꾸는 일도 가능하지 않겠어요?' 그는 진지했다. 그 표정을 보며 머리 한 쪽이 찡 울렸다.

사람들은 '괴짜'라 했다. 하지만 그는 '궤도를 이탈한 자'였다. 남들다 가는 길에서 벗어남으로써 자신만의 획을 긋고 있었다. 광활하게 펼쳐진 까만 하늘에서 그는 마음껏 자유로워보였다.

계명대 캠퍼스 163만 9,000여 제곱미터 안에 있는 나무를 일일이 끌어안고 다닌 '나무병 환자' 강판권 교수도 그랬다. 그 역시 처음엔 나무에 빠져 본업은 등한시하는 '괴짜' 사학자로 보였다. 하지만 "한 존재를 진정으로 사랑해본 사람만이 이해할 수 있는" 간절함으로 나무를 공부한 그가, 마침내 나무를 통해 역사를 읽는 사학의 새로운 길을 열었음을 알았을 때 또 한 번 머리가 찡 울렸다.

경영학자 피터 드러커는 저서 『매니지먼트』에서 "배울 수 없는 자질, 후천적으로 얻을 수 없는 자질, 처음부터 몸에 배어 있어야 할 자질이 딱 하나 있다. 그것은 재능이 아니다. 진지함이다"라고 했다. '궤도를 이탈한 별'들이 주는 감동은 그 지점에 있었다. 그들은 태초부터 몸에 밴 듯한 진지함으로, 궤도를 벗어나 자신만의 길을 열었다. 그래서 때로는 '집도 절도 죽도 밥도' 없을지라도, '가는 곳만 가고 아는 것만 아는' 이들이 결코 가질 수 없는 행복을 얻었다.

이 책은 2009년 여름부터 2011년 봄까지 월간 「신동아」를 통해 소개한 '궤도를 이탈한 별'들에 대한 기록이다. 삶의 찰나조차 열정을 다해 살아가는 이들의 모습을 글로 옮기면서, 늘 힘들었지만 많이 행복했다. 스스로 열어젖힌 궤도 위에서 자신들이 얼마나 자유로운지, 부족한 저자에게 기꺼이 들려준 11명의 '별'들에게 고개 숙여 감사드린다. 이들이 나눠준 삶의 이야기를 통해 나도 내 삶을 좀 더 사랑하게 되기를, 그래서 언젠가는 이들처럼 진지하고 열정적으로 살 수 있게 되기를 꿈꾸게 됐다.

지면을 허락해준 「신동아」와 김동철 편집장, 선후배 기자께도 감사드린다. 이들의 조언과 격려가 없었다면 이 기획을 이어가지 못했을 것이다. 문학동네 장윤정 팀장과 이콘출판의 김승욱 대표, 정은아 팀장께도 감사 드려야겠다.

서로 다른 원고가 한 권의 멋진 책으로 묶여 나오게 된 건 모두 이분들의 공이다.

든든한 우리 언니와 동생, 새로운 세상을 보여준 하연이, 그리고 늘 고마운 형부에게는 아무 말도 못하겠다. 이렇게 한 명씩 이름을 부르는 것만으로도 뭉클해지는 마음을, 그냥 알아주면 좋겠다.

하늘을 향해 큰 창이 나 있는 서울 삼청동 한 카페에서 이 원고의 마지막을 정리했다. 바람이 불고, 음악이 흐르고, 지난 2년을 함께해 온 이들의 이야기가 있다. 이보다 멋진 마무리가 있을까. 그래서 이제 그만 자판에서 손을 떼기로 한다. 여러모로 부족한 책이지만, 언젠가는 작은 딸이 글 쓰는 사람이 되기를 바라신 엄마 아빠께 의미 있는 선물이 되면 좋겠다.

2011년 9월
송화선

잡 동 사 니 　수 집 가

현 태 준

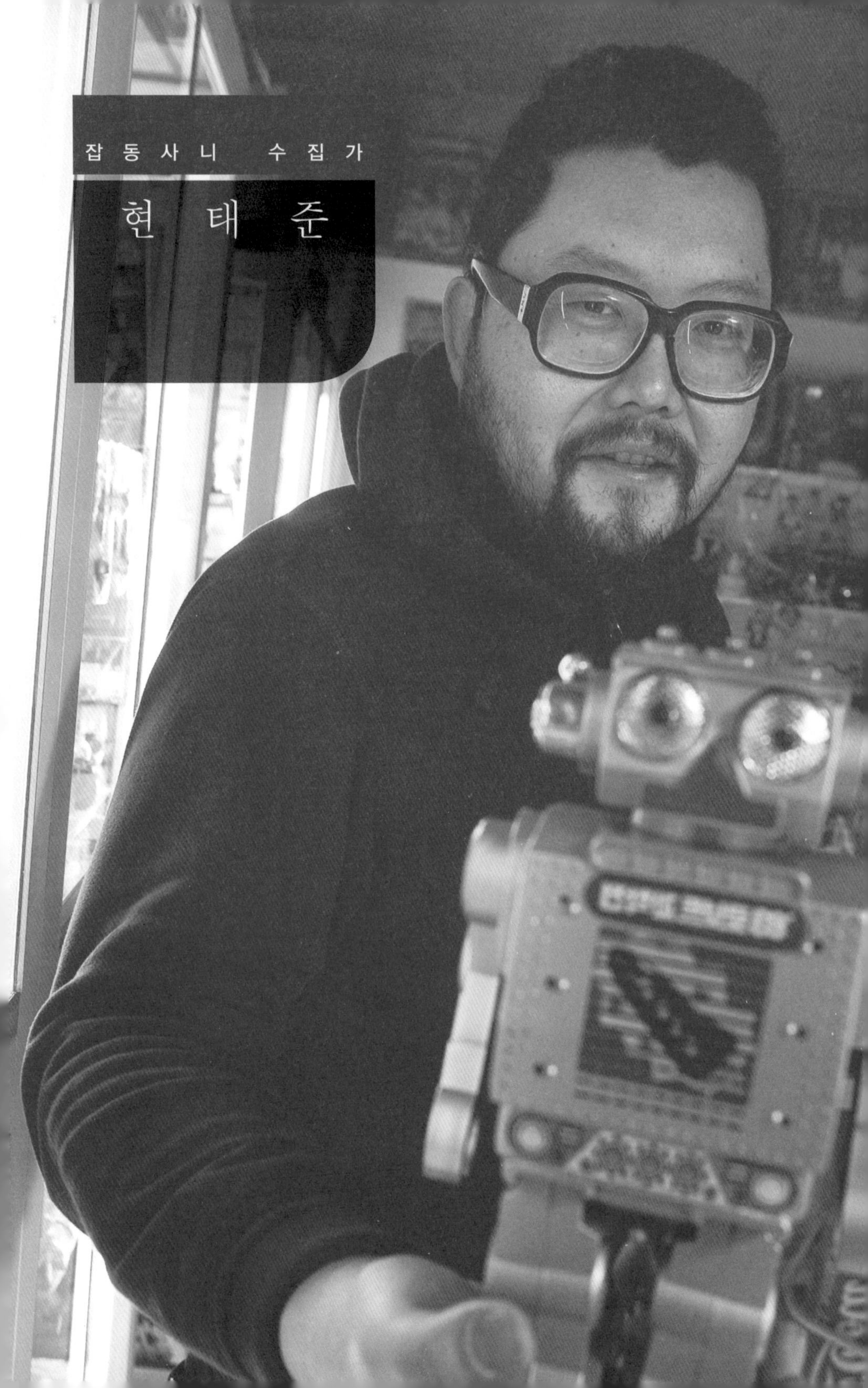

만화가/ 수필가/ 일러스트레이터/ 우리나라 장난감 수집가 현태준(45) 씨가 건넨 명함에는 네 가지 직업이 일렬종대로 적혀 있었다. '뽈랄라수집관 관장'과 '뽈랄라상회 대표'도 맡고 있는 그는 자신이 모은 '우리나라 장난감'을 분석·정리할 때는 '장난감 연구가'가 된다. 잠정 휴업 중인 공방 '신식공작소'에서 온갖 장난감과 시시껄렁한 물건을 만들어 팔 때는 미술 작가였고, 차차 밝히겠지만 머지않아 영화 시나리오 작가 겸 감독, '서민문화연구소' 소장이 될 예정이다.

그의 명함이 그나마 단출한 건 끝없이 이어지는 직업 메들리를 듣다 못한 지인이 "직업이란 돈 되는 일을 가리키는 말이야" 하고 일러줬기 때문이다. 이 정의에 따르자니 명함에 적을 수 있는 직함이 확 줄었다. 돈 되는 것만 추리고, 늘 직업이라고 생각해온 '아저씨'는 뒷면에 카툰으로 그렸다. 그의 명함을 뒤집으면 양복을 입은 아저씨가

'포장마차' 간판을 보며 헤~ 침 흘리는 모습이 그려져 있다. 한잔 거나하게 걸치고 2차 장소를 물색하는, 딱 대한민국 보통 아저씨다.

■ 신기하고 괴상망측한 아저씨

"하고 싶은 일은 다 하고 하기 싫은 일은 안 한다."

현 씨를 만나기 전 들은 그에 대한 인물평이다. 만화가 이우일은 그를 보고 "도대체 어떻게 젊은 시절을 보내면 이렇게 신기하고 괴상망측한 아저씨가 될 수 있단 말인가"라고 했다. 사람들은 그를 보며 때로 경탄하고, 때로는 혀를 찬다.

그가 '하고 싶어서 하는' 홍대 앞 이색 공간 '뽈랄라수집관'을 찾았다. 키 182센티미터에 0.1톤을 '살짝' 넘는 몸무게, 뱅글뱅글 돌아갈 듯 크고 두꺼운 안경을 쓴 현 씨는 인형극에서 막 튀어나온 캐릭터 같았다. 심술쟁이 두꺼비 퉁퉁이 혹은 말썽꾸러기 개구리 투투. 마침 그의 옆에 입 안이 새빨간 악어 인형이 놓여 있어 더욱 그렇게 느껴졌는지도 모른다. 벽에는 '대낮에 키스하여 밝은 사회 이룩하자(불건전키스방지협회)' 따위의 문구가 적힌 포스터가 몇 장 붙어 있었다. '뽈랄라수집관'을 '이색 공간'이라고 소개한 건 대략 이런 분위기여서다. 현 씨 자신도 뭐라고 딱히 설명하기 곤란했던지, 입구 간판에 '최첨단 홍대 앞의 서브컬처 명소' 'the world best unique museum' '세상의 잡동사니 보물섬' 등 갖가지 미사여구를 적어놓았다. 이 중 가장 실제에 근접한 표현을 찾는다면 '잡동사니 보물섬' 정도가 될 것 같다.

100제곱미터 규모의 지하 공간 속, 촘촘히 늘어선 유리장 안에는 현 씨가 모은 잡동사니가 전시돼 있다. 한때 우리 주위 어디서나 볼 수 있었지만 이제는 사라진 것들. 청순한 소녀가 그려진 껌 종이, 손바닥 반 만한 크기의 구둣주걱, 불량식품 쫀드기 포장지, 울상을 짓고 있는 못난이 인형 따위가 반들반들 닦인 채 '소장품' 자격으로 들어앉아 있다. 박물관에 가서 소장품보다 내 가방 속 소지품이 더 비쌀 것 같다는 느낌을 받은 건 이번이 처음이다. 동시에 이토록 재밌게 전시를 감상한 것도 처음인 것 같다. 그는 도대체 뭐하는 사람일까.

"뭐 보시다시피. 전시관 관리하고, 책 쓰고, 그림 그리고, 시간 나면 이거저거 사러 다니고 그럽니다."

'하는 일'의 대부분이 수집관과 관련돼 있다. 그런데도 명함에 '뽈랄라수집관 관장' 직함이 빠진 걸 보면 이 일로는 돈을 못 버나 보다.

"못 버는 정도가 아니라 딴 데서 번 돈까지 다 이리로 들어가는 상황이에요. 생계가 위험할 정도니……, 원."

반짝반짝 빛나던 눈동자에 수심이 감돌며 커다란 덩치가 순식간에 쪼그라든다 싶다. "원래는 이런 거 할 생각이 전혀 없었다"고 탄식하는 걸 보고 있자니, '하고 싶은 일은 다 하고 하기 싫은 일은 안 하는 사람'이라는 평판이 잘못된 건가 싶다. 그런데 돈도 안 되고 하고 싶지도 않은 일을 왜 하고 있다는 말인가.

"한 10년 잡동사니를 모았거든요. 그동안 연희동 창고에 쌓아뒀는데, 계속 보관만 하니 뭐가 얼마나 있는지 전혀 모르겠더라고요. 한 번쯤 정리할 때가 된 것 같아 창고를 없애고 새로 전시장 겸 작업실을 내야겠다고 생각했어요. 그런데 웬걸, 생각보다 소장품이 훨씬 많은 겁니다. 여기는 이미 가득 찼는데 연희동 물건은 줄지 않았습니다. 아마 창고에 남아 있는 게 여기 전시한 것보다 더 많을 거예요. 결국 이거 만드느라 월세는 두 군데서 나가게 됐죠. 그동안 정리한 거 아까워 문은 못 닫겠고……. 완전히 판단미스였어요."

현 씨에 따르면 연희동에 남아 있는 물건도 여기 있는 것과 다를 바 없다. 성냥갑, 양초, 장난감, 조립식 모델……. 그는 "『사기의 기법』처럼 도서관이나 대형 서점에서는 구할 수 없는 특이한 책도 많다"고 귀띔했다. 문득 '뽈랄라'라는 단어의 뜻이 궁금해졌다. '남들이 거들떠보지도 않는, 이사하며 탈탈 털어버리고 왔을 법한 잡동사니'라는 뜻일까.

"그런 건 아니고, 나 좋아하는 거 남 눈치 보지 말고 하자는 뜻으로 제가 만든 말이에요. '포르노 랄랄라'를 줄여서 뽈랄라~. 발음 해보면 '너무너무 기뻐서 어쩔 줄 모른다'는 뜻이 딱 느껴지지 않나요?"

▇ 잡동사니 천국, 문방구

현 씨는 이 물건들을 하나 둘 사 모으며 '뽈랄라~'했다. 수집벽의 시작은 1994년으로 거슬러 올라간다. 서울대 미대 공예과를 졸업한 그는 당시 홍대 앞에 '신식공작소'라는 공방을 내고 초록색 때밀이 타월로 만든 핸드백, 돈을 넣으면 감격한 듯 움직이는 '감격의 저금통', 돈을 넣고 지퍼를 잠그면 입을 다무는 '입닥쳐 지갑' 따위를 만들어 팔고 있었다. 그의 말마따나 원래 '시시껄렁한' 걸 좋아하는 성미인지 모른다. 그때 바로 옆 가게는 한 할아버지가 운영하는 문방구였다(표준어는 '문구점'이지만, 현씨는 모든 어린이가 '문방구'라고 부르던 그 공간을 이렇게 부르고 싶어 했다. 이 글에서는 학교 앞에서 꼬맹이들을 상대로 학용품, 장난감, 불량식품 등을 파는 잡화가게를 '문방구'라고 부르기로 한다). 왔다갔다 인사나 드리며 지내던 어느 날, 할아버지가 가게 문을 닫는다며 필요한 게 있으면 싸게 가져가라고 했다. 33제곱미터 남짓한 공간 속에는 언제부턴가 까마득히 잊고 지내던 어린 시절의 물건들이 쌓여 있었다. 반갑고 신기했다.

"그때는 그냥 '재밌다' 하고는 말았어요. 제대로 모으기 시작한 건 훨씬 뒤부터죠. 1998년 IMF가 오면서 일이 끊기고 돈벌이가 시원찮아졌을 때예요. 될 대로 되라는 심정으로 아내와 석 달 동안 해외여행을 떠났죠. 미국 캐나다에서 우연히 앤티크 장난감 가게를 봤는데, 반듯하고 깔끔한 신식 가게 안에 온통 구닥다리 물건만 가득한 게 신선하데요. 내가 어린 시절 갖고 놀던 장난감들도 이렇게 어딘가에 남아 있으면 얼마나 좋을까 하는 생각이 들었어요."

문득 할아버지의 문방구 생각이 났다. 귀국 뒤 호기심에 다른 문방구에 들렀는데, 의외로 옛날 장난감이 꽤 많이 남아 있었다. 먼지 뽀얗게 덮인 상자 속에서 절판된 지 오래인 옛날 옛적 조립식 장난감을 발견한 순간 탄성이 절로 나왔다. 얄팍한 플라스틱, 울긋불긋 촌스러운 색깔, 어느새 어색해진 구식 맞춤법의 설명서 속에서 옛 추억이 '쓰윽' 다가오는 기분이었다. 그는 이제는 찾아볼 수 없는 1970~80년대 장난감을 'B급 장난감'이라고 불렀다.

■ 네가 정말 지킬 수 있겠니……?

"한마디로 우스꽝스러운 장난감이죠. 옛날에는 일본 만화 영화 캐릭터가 인기 많았잖아요. 건담, 아톰 같은 거요. 그런데 오리지널 라이선스 제품은 수입되지 않으니 장난감 제조업자들이 되는 대로 베껴서 내놓은 겁니다. 잘 보면 만들다 만 것 같이 생긴 게 꽤 많아요. 어떻게 이런 걸 팔 수 있었나 싶게 어설픈데, 다시 생각해보면 그게 그 시절 제가 가장 좋아하던 장난감이거든요."

마징가를 보자. 현 씨에 따르면 일제 마징가는 언제든 악당을 물리칠 것 같은 폼 나는 모양새를 하고 있다. 반면 우리나라 공장에서 뚝딱뚝딱 만든 마징가의 표정은 '얘가 과연 지구를 지킬 수 있을까' 싶을 만큼 걱정스럽기만 하다.

"마구 베끼다보니까 양심에 찔렸든지, 돈이 모자랐겠죠. 그 시대 유년 시절을 보낸 사람이라면 누구나 포장 그림과 내용물이 너무 달라 상심했던 경험이 있을 거예요. 분명 '슈퍼맨'이라고 쓰여 있는데 열어보면 슈퍼맨 팬티를 입은 경상도 아저씨 인형이 들어있는 식이죠."

모든 캐릭터가 허약해보이는 건 아니다. 전시관에는 근육질 몸매의 아톰도 있다. 뽀빠이 못지않은 아톰의 근육에 눈이 번쩍 뜨인다.

"이것도 아마 우리나라에서만 볼 수 있는 장난감일 겁니다. 수집품을 모으면서 알게 된 건데, 그 시절 장난감 제조업자들은 제작비를 아끼려고 몸체 틀을 하나만 만든 거 같아요. 똑같은 몸뚱이 쫙 놓고 캐릭터에 맞게 머리만 갈아 끼운 거죠. 그러다보니 슈퍼맨, 독수리 5형제, 심지어 아톰까지 몸매가 똑 같은 거예요. 근육이 울퉁불퉁한 아톰이라니, 정말 재미있지 않아요?"

'뽈랄라수집관'의 '아니 자네는……! 어디선가 본 듯한?'이라는 코너는 이렇게 '다른 나라 캐릭터 인형을 살짝 혹은 몰래 베낀 국산 짝퉁인형들'만 모아놓은 장소다. 그가 '경상도 슈퍼맨'이라고 이름 붙인 슈퍼맨 인형의 얼굴은 딱 이웃 동네 아저씨같이 생겼다. 하나로 몰린 눈, 큰 코, 넉넉한 하관에서 친근감이 물씬 풍긴다. 나란히 전시돼 있는 독수리 5형제의 얼굴은 또 어떤가. 두메산골 촌 총각, 그 자체다. 어딘가 순하고 여려 보이는 이 '독수리'들은 '지구는 내가 지킨다!'라고 힘차게 외치는 대신 '지가 지구를 지키고야 말거구먼유' 하며 수줍게 미소지을 것 같다. 현 씨는 "우리나라에서 만든 장난감을 보면 이렇게 묘한 우리식 정서가 살아 있다"며 눈을 반짝였다.

한국인의 얼굴을 한 일본 캐릭터. 오직 우리나라 어린이들만 갖고 놀았을 이 촌스러운 장난감들을 모으면서 그는 '뽈랄라~' 수집의 재미에 빠져들었다. 현 씨에 따르면 대한민국 토종 문방구 주인들의 디스플레이 스타일은 재고를 뒤로 밀고 앞쪽에 계속 새로운 상자를 쌓는 것이다. 옛 물건을 찾으려면 아저씨와 친분을 쌓은 뒤, 혹은 얼굴에 철판을 간 뒤 과감하게 뒤로 뒤로 헤집어나가야 한다.

처음엔 서울시내 초등학교 앞 문방구들을 섭렵했다. 서울에 안 가본 문방구가 없게 된 뒤부터는 전국 순례에 나섰다. 서울부터 제주까지 발길 닿지 않은 곳이 없다. 어느 도시를 가든 문방구를 찾으러 초등학교 근처를 기웃거렸다. 플라스틱 모델 전문점, 시장 모퉁이의 완구점 등도 공략 대상이었다. 당시 그는 외환위기로 사업(신식공작소)에 타격을 입은 후 본격적인 작업-만화를 그린다거나 글을 쓴다거나 그림을 그린다거나-을 준비하기 위해 궁리하던, 달리 말하면 딱히 하는 일이 없던 상태였다. 마음만 먹으면 언제 어디든 갈 수 있었다. 한번 지방 도시에 갈 때마다 양손 가득 장난감을 들고 왔다. 그러고는 아내에게 들키지 않게 '몰래몰래' 작업실에 숨겼다.

"그때 집사람은 회사 다니느라 바빴거든요. 제가 뭐 하고 다니는지 잘 몰랐어요. 제 작업실에는 원래 잘 안 오기도 했고요."

두꺼운 안경 너머 두 눈이 겸연쩍게 웃는 게 보였다. 40대 중반 아저씨답지 않게 수줍은 표정이다. 마주보는 기자의 시선에서 힐난의 기색을 느꼈는지 바로 변명을 덧붙인다.

■ 여보, 미안해……

"저도 일 했어요. 삽화 같은 거 그려서 돈 모이면 장난감 사러 간 거죠. 그 돈 다 모았으면 꽤 됐죠. 하지만……. 그래요. 사실 그때 아내가 꽤 좋은 회사에 다녀서 그거 믿고 편하게 살긴 했어요."

또 그 겸연쩍은, 철없는 소년 같은 미소를 짓는다. 처음엔 분명 재미 삼아 시작한 일이었다. 그런데 언제부턴가 수입 전부를 쏟아 부을 만큼 몰두하게 됐다. 자신의 수집이 예사롭지 않은 일이라는 사실을 깨달았기 때문이다. 경기 침체로 오래된 문방구가 하나둘 문 닫는 모습을 지켜보면서부터다. 외환위기는 그에게만 닥친 게 아니었다. 문방구를 돌아다니다보니 한평생 가게를 운영하던 할아버지 할머니들이 줄줄이 폐업을 결정하고 있었다. 문방구가 문을 닫으면 켜켜이 쌓여 있던 추억의 물건들은 고스란히 쓰레기가 돼 실려 갔다.

"1998년을 생각해보세요. 대기업이 휘청거리고, 거리마다 실직자가 쏟아지던 때니 구멍가게 문방구 경기는 오죽 했겠어요. 특히 지방은 심각했어요. 역 앞부터 상가들이 텅텅 비어 있고, 유리마다 '임대'라는 종이가 붙어 있고……. 학교 앞 문방구 중에도 대낮부터 셔터가 내려진 데가 많았어요."

시간이 지나니 아예 문 연 문방구가 한 개도 없는 동네도 생겨났다. 문방구 장난감이 재밌는 수집거리일뿐 아니라 이제는 돌아올 수 없는 지나간 시대, 우리 삶의 한 풍경을 보여주는 자료라는 생각이 뇌리를 스쳤다. 그의 수집품이 장난감에서 잡동사니로 확장된 건 이때부터다. 껌 종이, 불량식품 껍데기, '홀로서기' 류의 시(詩)가 적힌 액자, 오래된 엽서 같은 것들. 문방구에서 구할 수 있던 추억의 잡동사니부터 이색 발명품으로까지 수집 범위가 넓어졌다. 한 달에 20일 이상씩 물건을 찾아다녔다. 그로부터 4년 후, 그의 기억으로는 2002년을 기점으로 우리나라의 문방구 시대는 막을 내렸다. 전국 곳곳에 생긴 대형 마트가 문구, 완구류 판매를 시작하면서 '장난감 천국'으로서의 경쟁력을 잃은 게 첫 번째 이유. 학교들이 교재를 자체적으로 마련하는 풍토가 정착되면서 그나마 남아 있던 입지마저 잃게 된 게 두 번째 이유다. 이 시기는 국내 완구산업이 몰락하고 중국산 장난감이 본격적으로 유입된 시기와도 겹친다. 이 변화 과정을 생생히 체험한 현 씨는 지금도 가끔 "내가 마침 그 시기에 옛 물건들을 수집해놓은 것이 얼마나 다행인가" 가슴을 쓸어내린다고 했다.

다시 한 번 '뽈랄라수집관'의 전시품을 살펴보자. 그가 '모셔놓은' 이색 발명품 중에는 실로 어이없는 것이 많다. '요지경'이라는 망원경에 눈을 대고 손잡이를 누르니 슬라이드처럼 이미지가 돌아간다. '이미지'가 그럴듯하냐고? 그럴 리가! 조잡한 여자 누드사진이 실소를 자아낸다. '수험생 안경'은 공부할 때 한눈팔지 못하도록 안경 렌즈 양쪽에 플라스틱 패널을 붙여놓은 제품이다. 밥과 김을 넣고 꾹 누르기만 하면 김밥이 돼 나오는 김밥말이 기계도 있다.

"한때는 우리나라에 발명가가 꽤 많았어요. 지금 안 보이시는 걸 보면, 전 재산 들여 이런 상품 개발했다가 망하셨겠죠. 그런 분들의 작품도 하나하나 사 모았어요. 재밌잖아요. 우리의 한 시절을 보여주는 풍경 같기도 하고요."

수집벽은 나날이 깊어져 중국집 스티커, 보험 아줌마가 나눠주는 판촉물 같은 것도 못 버리는 수준이 됐다. 시대에 따라 달라지는 전단지 문구, 디자인, 판촉물 종류를 살펴보는 것도 꽤나 '뽈랄라'한 일이다.

"예전엔 저금통이나 인주갑 같은 판촉물이 많았어요. 어느 집에나 한 두 개쯤은 있었을 그 물건들, 다 어디 갔을까요? 전 그런 걸 다 모아놓고 싶어요. 우리 삶의 흔적이니까요."

쓰레기 수집가

　그는 잡동사니를 사들이면서 아까 항변했던 대로 만화를 그리고, 글을 쓰고, 일러스트 작업도 했다. 영화 '몽정기'의 포스터를 그린 사람이 그다. 『뽈랄라대행진』『현태준의 대만여행기』 등의 저서도 제법 많이 팔렸다. 현 씨의 방대한 수집품을 보고 있노라면 "돈도 제법 벌었다"는 게 허언이 아님을 알 수 있다. 동시에 "저는 돈이 들어와도 남는 게 없어요. 사실 꽤 많이 벌었는데, 그게 다 어디로 갔을까요?"라는 질문에 대한 답도 해줄 수 있을 것 같은 기분이 된다.

　"여기, 홍대 앞 '뽈랄라수집관'과 연희동 창고에 쌓여 있겠죠."

　본인인들 모르겠는가. 이곳을 가득 채운 '삶의 흔적'이 모두 그의 주머니에서 나왔다는 사실을. 안타까운 건 현 씨의 수집품이 전문적인 장난감 수집가들 사이에서는 인기가 없다는 점이다. 달리 말하면 환금성이 거의 없다는 뜻이다. 기운 없어 보이는 슈퍼맨, 충청도 총각을 닮은 독수리 5형제를 소장하려는 사람이 세상에 몇이나 되겠나. 장난감 마니아들은 좀 더 아기자기하고 정교하며 첨단 기능을 갖춘 물건을 선호한다. 그가 '뽈랄라수집관' 앞에 'the world best unique museum'이라는 이름을 붙인 건 이 때문인지도 모른다.

　"남들 같으면 버릴 쓰레기 같은 거 모아서 진열장 안에 고이 모셔놓은 박물관, 그렇게 생각하면 특이하긴 하죠. 하지만 달리 생각하면 선조들의 생활 유물을 중앙박물관에 진열하는 거나, 가까운 과거에 늘 우리 곁에 있던 장난감을 보존해두는 거나 다를 게 없거든요. 되게 의미 있고 정상적인 거예요."

그가 '뿔랄라수집관'을 열었을 때 이 '쓰레기판'을 본 아내의 반응이 어땠을지 궁금했다. 현 씨는 "입을 떡 벌리고 아무 말도 못하더라"고 했다. 그의 말대로라면 전시관을 보고서야 비로소 남편의 '실상'을 알았으니 충격이 어땠을지 짐작이 간다.

"그전에 만화나 수필 작업을 하며 장난감 얘기를 많이 썼으니까 대충 알고는 있었을 거예요. 하지만 이 정도일 줄은 몰랐나봐요. 내가 꽁꽁 숨기고 안 보여줬으니까. 아마 연희동에 더 있는 거 알면 깜짝 놀랄 거예요. 사실 그건 이제껏 비밀인데……."

또 수줍게 웃는다. 현 씨는 박물관 입장료로 1인당 2,000원을 받는다. 처음엔 그 돈을 모으면 월세쯤은 낼 수 있을 줄 알았다. 그러나 웬걸, 턱없이 모자라다. 그 사이 회사를 그만두고 제법 잘나가는 동화 작가가 된 아내는 가끔 그를 보며 "당신이 돈만 벌면 우리도 맞벌이 부부가 될 텐데……" 한숨을 푹 쉰다고 한다.

"얼마 전부터 일주일에 한 번씩 입출금 내역을 보고하래요. 돈이 줄줄 새니까 자기가 감독해야겠다고 뭘 어디에 썼나 적어오래. 아후."

돈 벌어 적자를 '땜빵'하려고 '뿔랄라상회'라는 온라인 쇼핑몰을 만들었다. 그런데 막상 시작해 보니 거기에도 제법 돈이 들어간다고 했다. "그걸 만회하려면 또 다른 일을 시작해야 해요" 천연덕스럽게 말하는 모습을 보니 가계부를 검사하는 아내 심정이 이해가 갔다.

뽈랄라 뽈랄라

뽈랄라상회에서는 외국산 장난감과 빈티지 소품을 판다.

"뭐든 팔아야 될 거 같아 갖고 있던 장난감, 외국 사는 친구가 보내준 물건, 외국 나갈 때 한 번씩 사 들고 오는 것들을 모아 올려놓았다"고 했다. 대부분의 품목이 한 개씩밖에 없다.

"그러다 보니 일이 많아요. 보통은 제품사진 찍고 설명 덧붙여 쇼핑몰에 올려 놓은 뒤 계절 바뀔 때까지 계속 팔잖아요. 그런데 저는 물건마다 하나하나 그 작업을 다 해야 하거든요. 그 물건이 팔리면 다른 걸 새로 구해 올려야 하고⋯⋯."

그래서 돈이 되느냐는 질문에 대한 답이 걸작이다.

"적자 같은데⋯⋯. 사실 잘 몰라요. 얼마 전 일본 가서 물건을 좀 사왔는데 가격을 안 적어놓은 거예요. 그래서 대충 이건 얼마 저건 얼마 생각나는 대로 가격 정해 팔았어요. 나중에 정산해보니 돈이 부족한 거 같아. 아아. 오죽하면 제가 다른 사업을 또 구상하고 있겠어요?"

안타까운 건 그가 생각하는 또 다른 사업도 그다지 돈이 될 것 같지는 않다는 점이다. 그는 "이것도 아직 아내한테는 말 안 했는데, '서민문화연구소'를 차릴까 한다"고 했다. 이 시대를 살아가는 서민을 둘러싼 문화, 사소하고 '쫌스럽고' 때로는 말하기 거북한 풍경까지도 자료로 남기는 작업을 하고 싶다고 했다.

"요즘 사람들이 가장 많이 먹는 치킨이라든지 중국집 분식집 메뉴 같은 먹을거리들, 어느 동네가 도둑놈이 가장 많은가 같은 사회 문제들 같은 걸 정리하는 거예요. 말하자면 서민생활연구가가 되는 거죠."

지금까지 사람들의 삶을 둘러싼 물건을 수집했다면, 이제는 삶의 이야기 그 자체를 수집하겠다는 뜻이다. 물론 물건도 계속 모을 생각이다. 사실 연희동 잡동사니가 줄어들지 않는 건, 그가 끊임없이 뭔가를 사 모으고 있기 때문이다. "그걸 시작한다고 '뽈랄라상회'의 적자를 메울 수 있을 것 같지는 않다"고 하자 그는 "돈을 벌 수 있는 또 다른 일도 생각하고 있다"고 했다.

"얼마 전에 영화 제작 프로듀서를 한 명 만났어요. 코미디 영화를 만들고 싶다니까 재밌을 것 같대요. 제가 직접 시나리오 쓰고, 감독하면 좋지 않겠어요. 그분 말씀이 영화는 촬영감독이 알아서 해준다고, 촬영 기법 같은 건 감독이 잘 몰라도 된다더라고요. 지금 그것도 준비하고 있어요. 아무튼 생각이 많아요."

2011년 6월 홍대 앞에 '뽈라라싸롱'이라는 술집도 낸 그는 뭔가를 시작할 때 "잘 안 되면 어떡하나" 걱정하는 일은 없다고 했다. 하고 싶은 일을 하면 다 잘 풀릴 거라는 믿음이 있기 때문이다. 톡톡 튀는 아이디어와 재기발랄함, 그리고 빼어난 글 솜씨와 그림 재주는 지금껏 그가 끊임없이 새로운 시도를 하면서도 그럭저럭 괜찮은 삶을 유지할 수 있게 해준 원동력이다. 그의 꿈은 앞으로도 지금처럼 '뽈랄라 뽈랄라' 하고 싶은 일 재밌게 하며 사는 것이다. 좋아서 하는 일이 생계에도 보탬이 돼 명함에 한 줄 올릴 수 있는 '직업'이 된다면 더 좋겠다. 마지막으로 아내에게 할 말은 없는지 물었다.

"여보 쫌만 참아봐. 원래 나 같은 사람들이 대기만성이야. 초창기에 지지리 고생하다가 다 잘된다고."

'내일 걱정 꼭 해야 해?'
뽈랄라 정신

"아즈씨가 술집을 열었어요. 이름하야 뽈랄라싸롱! 이번 주 금요일 오픈. 공연도 있으니 꼭 놀러오시길 ㅎㅎ"

2011년 6월 초 현태준 씨가 보낸 문자다. 아. 뭔가를 또 시작하셨구나. 문자를 보자마자 아주 잠시, '뽈랄라싸롱 대표'는 그의 직업이 될 수 있을까 생각했다. 그리고 곧 "안 되면 어때. 틀림없이 재밌을텐데" 혼잣말을 했다. 웃음이 났다.

"아우, 장사가 잘 되긴요. 후배가 홍대 근처에 괜찮은 자리가 났다고, 가게 한 번 해보라고 해서 시작했는데 이걸로 과연 돈을 벌 수 있을까 모르겠어요."

아니나 다를까, 전화기 너머에서 들려온 소식은 비관적이다.

"박물관 열고 입장료 받으면 좀 나아질 줄 알았는데 천만에. 월세가 더

나가요."

"온라인에서 장난감 팔면 돈이 될 줄 알았어요. 실상은 일만 많아지고 돈은 오히려 줄줄 새는 거죠."

그가 새로 시작한 일을 설명할 때마다 보인 딱 그 패턴이다.

"그래도 한 번 오세요. 입구에 커다란 아톰 인형도 있고, 재밌어요."

그럼 그렇지. '뽈라라'라는 이름이 붙었는데 재미있지 않을 리가 있나. 다시 한 번 웃는다. 그리고 생각했다. 재미있다는데, 그럼 된 거 아닌가.

그에겐 이런 힘이 있다. 주위 사람까지 뽈랄라~하게 만드는 것. 세상 살면서 가장 중요한 건 '재미'라는 걸, 자연스럽게 인정하도록 만들고 만다.

현 씨가 자신의 직업을 포괄해 가리키는 단어는 '아리스트'다. '아티스트'의 '짝퉁'이란다. 자칭 '짝퉁'일지언정, 그는 꽤 인정받는 인물이다. 재기 발랄한 그림과 톡톡 튀는 글 솜씨로 만화, 일러스트, 여행기 집필 등 다방면에서 활동중이다. 잡동사니 수집, 장난감 판매, 술집 운영 같은 걸 하지 않는다면, 확신하건대 살림살이가 지금보다 훨씬 나아질 게다. 그런데 그는 번번이 "여기서 손해난 걸 만회하려면 다른 일을 또 해야 해요, 엉엉"하며 새로운 일을 벌인다. 말투는 '아우 어떡해'지만, 실상은 '나 이것도 해보고 싶어'로 느껴지는 이유다.

그가 직접 쓴 뽈랄라싸롱 메뉴 소개 글만 봐도 알 수 있다. '산미구엘 생맥주에게 새로운 친구가 생겼어요. 그 아이 이름은 새침떼기 '삿뽀로'

예요. 깔끔하고 청량한 맛에 보드라운 거품으로 목구멍을 촉촉히 젹셔주는 삿뽀로 생맥주~ 한 모금 상큼 들이키면 시냇물이 졸졸졸~ 아이 시원해, 아이 두 뺨이 살짝 사과가 되었어요.'

재밌다. '좋아서 하는 가게'라는 느낌이 물씬 풍긴다.

"있잖아, 사람은 말이야, 상상력이 있어서 비겁해지는 거래. 그러니까 상상을 하지 말아봐. 정말 용감해질 수 있어."

영화 〈올드보이〉에 나오는 대사다. 현 씨를 보면 이 구절이 절로 떠오른다.

사람은 누구나 '재미있는 삶'을 꿈꾼다. 하지만 그렇게 살다보면 언젠가 '집도 절도 죽도 밥도 없는' 처지가 될 거라는 불안한 상상 때문에 오늘 이렇게 '의무'에 발목 잡혀 살고 있는 게 아닐까. 그는 말했다. 한 번도 실패를 상상한 적 없다고. 그리고 오늘 '뽈랄라'하게 산다고. 오늘을 즐기는 현 씨가 머무는 그곳에, '재미있는 삶'이라는 새로운 궤도가 있다.

글 씨 수 사 관

구 본 진

구본진(46) 씨는 검사다. 서울대 법대 재학 중 사법시험에 합격했고, 이후 오랫동안 조직폭력 마약 살인 등 강력범죄를 수사했다. 살인범, 강도, 거짓말쟁이 틈바구니에서 진실과 거짓을 가려내는 게 그의 일이다. 피조사자의 말투, 행동, 표정 하나도 가볍게 넘긴 적이 없다. 그러다 문득 깨달았다. 자신이 그들의 필적을 유독 주의 깊게 살피고 있음을. 자필진술서 필체, 조서 끝에 휘갈겨놓은 서명 한 줄이 사건 해결의 단서가 되곤 했다. 삐뚤빼뚤한 글씨는 비뚤어진 인격을 드러내고 단정하고 깔끔한 필체는 진실을 담보했다. 글씨는 곧 글쓴이 자신이었다.

그때부터 범인을 잡아내는 열정으로 글씨를 탐구했다. '글씨가 품고 있는 비밀'을 찾고 싶었다. 관심은 자연스레 항일지사와 친일파의 간찰(선인들이 주고받던 편지)로 뻗어갔다. 같은 시대, 같은 환경에서 극명하게 다른 선택을 한 이들의 글씨는 뭐가 같고 뭐가 다른가. 해답을 찾기 위해 간찰 1,000여 점을 모았다. 항일지사 400여 명, 친일파 150여 명의 친필이 그에게 있다. 독보적인 컬렉션이다.

■ 글씨에 미친 검사

　　2009년 여름, 경기도 용인시 법무연수원 검사교수실에서 그를 처음 만났다. 사무실 문을 열었을 때 눈길을 끈 건 벽면 한쪽을 채우고 있는 광암 이규현의 글씨였다. 한 획 한 획 반듯하게 내리그은 필체가 문외한이 보기에도 단정했다. "글씨는 곧 글쓴이"라는 그의 이론이 맞다면, 광암은 분명 고결하고 꼿꼿한 성품의 소유자였을 것이다. 이 짐작에 그가 고개를 끄덕였다.

　　"구한말 유학자이자 의병장이셨어요. 건국훈장을 받은 분이지요. 정사각형 모양과 각지고 힘찬 느낌, 어느 모로 보나 전형적인 항일지사의 필체입니다."

　　구 검사는 글씨를 사면 눈에 익힐 겸 한동안 사무실에 걸어둔다고 했다. 광암의 글씨도 그렇게 보름째 바라보고 있는 터였다.

　　"오후엔 누가 김병조 선생의 글씨를 보내오기로 했어요. 민족대표 33인 가운데 한 명인데 북쪽에서 주로 활동해 글씨를 구하기 어려운 분입니다. 친필로 확인되기만 하면 바로 구입할 겁니다."

　　목소리에서 들뜬 기색이 읽혔다.

　　'보기 드문 독립운동가의 글씨가 이리로 오고 있다!'

이 사실이 그를 설레게 만드는 듯 보였다. 이미 꽤 많은 글씨를 소장하고 있음에도 불구하고, 그는 계속 글씨를 산다.

"일주일에 한두 점쯤은 삽니다. 주로 고서점이나 경매를 통해서 구하지요. 오늘처럼 글씨가 저를 찾아오는 경우도 있고요."

구 검사의 말에 따르면 우리나라에는 건국훈장을 받은 항일지사만 1만 명이 넘는다. 독립 운동에 목숨 바쳤지만 어느새 잊혀져버린, 역사에 제대로 기록조차 되지 않은 항일지사는 셀 수 없이 많다.

친일파 역시 마찬가지다. 그 시대 지식인들은 필연적으로 항일, 혹은 친일을 했다. 그들의 글씨를 찾고 모으며, 구 검사는 조금씩 '점잖은 미치광이'가 됐다. 아무리 피곤한 날이라도 집에 돌아가면 수집품을 들춰본다. 새벽에 잠을 깼다가 글씨가 보고 싶어 벌떡 일어날 때도 있다. 새로운 글씨를 구하면 마음속 깊은 곳에서부터 행복감이 솟아난다.

그에게 수집은 그저 물건을 모으는 행위가 아니다. 자신의 시선으로 수집품에 새로운 가치를 부여하는 일종의 '창작'이다. 이런 희열을 느끼게 해준 건 글씨가 처음이라고 했다.

"1998년 미국 뉴욕으로 연수를 갔어요. 메트로폴리탄미술관과 구겐하임미술관의 기증유물관을 보며 규모와 수준에 감탄했지요. 어릴 때부터 뭐든 모으는 걸 좋아했는데, 이왕이면 좋은 주제를 정해 박물관에 기증할 만한 수집품을 만들고 싶다는 생각이 들더군요."

운명적인 만남

그때 운명처럼 간찰이 다가왔다. 귀국 후 우연히 들른 고서점에서다. 수북이 쌓인 옛 글씨 속에 능성 구씨 조상들의 작품이 없나 뒤적이는데, 문득 동판으로 찍어낸 듯 반듯하고 규칙적인 필체가 시선을 잡았다.

"곽종석이라는 분의 간찰이었어요. 집에 와서 찾아보니 구한말의 대표적인 유학자이자 항일지사더군요."

일제 침략에 항의해 파리 만국평화회의에 독립호소문을 보내고, 유림 총궐기를 요구하는 격문도 돌린 이였다. 일제에 체포돼 옥고를 치른 끝에 병사한 그는 1963년 건국훈장을 받았다. 구 검사는 사무실 벽 한 쪽을 가리키며 '저 글씨가 그때 구입한 곽 선생의 간찰'이라고 소개했다. 바르고 힘찬 필체가 과연 설명 그대로였다.

"처음 글씨를 봤을 때는 선생에 대해 전혀 모르는 상태였어요. 그런데 이상하게 저 글씨가 마음을 끌었지요. 글씨가 글쓴이에 대해 뭔가 얘기해주는 것 같았습니다."

'글씨가 말을 한다'는 건 검사 생활을 하며 오랫동안 마음에 품어온 생각이다. 범죄 용의자를 만나기 전 그들의 글씨를 보면 상대방이 진실한지 거짓말에 능한지, 고집이 센지 유연한지, 소심한지 대범한지가 느껴지곤 했다. 글씨를 먼저 본 뒤 사람을 만나면 그의 예상에서 크게 벗어나지 않았다.

"저는 관상보다 글씨를 더 믿습니다. 수사가 미궁에 빠졌을 때 피조사자에게 자필진술서를 쓰게 한 적도 있지요. 그들이 제 앞에서 감추고 있는 참 모습이 글씨를 통해 드러날 거라고 믿었거든요."

곽종석 선생의 간찰은 그에게 '글씨가 곧 그 사람이고, 글씨는 말을 한다'는 사실을 확신하게 해줬다. 선생의 이력을 추적하고 편지 내용을 해석하다 자신도 모르게 무릎을 쳤다. 독립운동가의 간찰이야말로 최고의 수집품이라는 생각이 든 것이다.

앞서 밝혔듯 그는 어릴 때부터 뭐든 모으는 걸 좋아했다. '남들 다 하는' 우표수집부터 시작해 다양한 품목을 모았고, 성인이 된 뒤 한동안 민예품과 그림수집에 몰두한 적도 있다. 문제는 심미안이 생기면서 공무원 월급으로는 도저히 감당할 수 없는 작품에만 눈이 가기 시작했다는 점이다. 마음에 드는 그림은 다 턱없이 비쌌다. 그런 작품들을 제외하자니 수집품이 볼품없어지는 것 같았다.

"그때 간찰을 만난 거예요. 간찰은 그림이나 도자기에 비해 무척 쌉니다. 제가 수집을 시작할 때는 10만 원이면 서너 점을 살 수 있었지요. 이상용, 유인석 같이 꽤 알려진 분의 편지도 수십만 원 선에 구했어요. 지금도 별로 다르지 않습니다. 김구 선생이나 안중근 의사의 유묵(생전에 남긴 글씨나 그림)이 몇 억 원대에 팔리는 경우가 있긴 하지만, 아주 드문 일이에요. 가끔은 세상이 이분들의 가치를 몰라도 너무 모른다는 생각에 씁쓸하지요."

바인더 한 권에 수백 점씩 보관할 수 있어 보관비용이 거의 들지 않는 것도 장점이었다. 게다가 간찰을 수집하면 '글씨의 비밀'에 대해 품고 있던 오랜 호기심도 풀 수 있을 것 같았다.

이런 생각을 하던 무렵, 우연 같은 운명이 한 번 더 찾아왔다. 독립운동가의 간찰을 수집하기로 작정하고 처음 방문한 고서점에서 기려자 송상도의 글씨를 구한 것이다. 기려자는 경술국치 이후 일본 경찰의 눈을 피해 전국 방방곡곡을 돌며 항일지사의 행적을 기록한 인물이다. 그가 남긴 『기려수필』 덕분에 이름 없이 죽어간 많은 지방 유림들이 독립운동가로 인정받았다.

"선생의 글씨를 사 들고 돌아오면서, 내게도 선생처럼 전국을 찾아다니며 항일지사의 글씨를 수집해야 하는 운명이 주어진 건 아닐까 생각했어요."

'운명'이라는 느낌은 낯설지만 선명했다. 2000년의 일이다.

■ 포스 컬렉터

그날 이후 그는 인생을 두 배로 살았다. 낮에는 검사, 퇴근 후엔 글씨수집가였다. 전국의 이름난 고서점을 훑고 광복회 소식지 등에 '항일지사 글씨를 구한다'는 광고를 냈다. '좋은 간찰이 나왔다'는 연락을 받으면 어디든 달려갔다. 지방 고택에서 옛 문서 무더기가 발견됐다는 얘기를 듣고 쫓아내려간 적도 있다.

그는 매년 연봉의 10퍼센트 정도를 글씨 사는 데 쓴다. 그와 아내가 '취미 생활'로 용인할 수 있는 상한선이다. 이 기준 때문에 종종 마음이 무너질 때도 있다. 몇 년 전 이육사 선생의 글씨를 사지 못했을 때도 그랬다.

"주머니 사정 때문에 바로 눈앞에서 놓쳤는데, 그 순간이 잊히지 않아 한동안 자다가도 벌떡벌떡 일어났어요. 가끔은 원칙 제쳐두고 무리할 때도 있지요. 김구 선생의 글씨를 꼭 사고 싶은 마음에 상한선을 넘겨 700만 원을 주고 구입한 일이 있습니다. 하지만 수집을 계속하려면 이러면 안 돼요. 절제할 줄 알아야지요. 그런 면에서 저는 간찰과 잘 맞습니다. 어떤 분의 글씨를 소장하느냐 못지않게 얼마나 많은 분의 글씨를 모으는지도 중요하니까요. 덜 유명한 분, 이제껏 세상에 한 번도 글씨가 공개되지 않은 분의 간찰을 찾아내는 건 제게 굉장히 의미 있는 일입니다."

그는 구한말의 편지를 발견하면 늘 글쓴이의 삶과 시대 상황, 편지에 담긴 내용을 꼼꼼히 분석한다. 진위를 판정하기 위해 종이 재료와 먹의 종류, 함께 나온 자료까지 살핀다. 혼자 할 수 있는 일이 아니다. 편지를 챙겨 들고 고미술전문가와 한문학자를 찾아다닌 게 부지기수다.

"한번은 일주일을 꼬박 들여 독립운동가 집안에서 나온 간찰 1,000여 장을 검토한 적이 있어요. 퀴퀴한 옛 종이 냄새 맡으며 꼼꼼히 뒤졌는데 항일지사의 글씨는 한 점도 못 찾았지요. 보통 그렇습니다. 늘 쫓기는 생활을 했을 독립운동가들이 편지를 많이 썼을 리 없고, 어렵게 틈을 내 안부를 전해도 가족들이 없애버렸을 가능성이 높기 때문이죠. 그 시대 글씨는 이래저래 참 구하기 어려워요. 그래서 한 작품 한 작품을 볼 때마다 더 공을 들이게 됩니다."

수천 장의 옛 문서 사이에서 독립운동가의 간찰을 찾기 위해 그는 끝없이 공부하고 또 공부한다. 유명한 수집가였던 루스벨트 대통령은

'수집에서 얻은 지식이 학교에서 얻은 것보다 더 많다'고 했다. 구 검사도 이 말에 100퍼센트 동의한다.

"간찰을 해독하려고 전서, 초서, 한학, 고문에 서예까지 익혔어요. 가끔은 사법시험 볼 때도 공부를 이렇게까지는 안 한 것 같다는 생각이 들어요."

그의 서가에는 『중국역대서론』『영남선유묵적』『서예이론과 실기』 등 글씨 관련 서적과 필적학, 필적심리학 등을 다룬 원서, 시대별 종이·인장 등에 대해 설명해놓은 각종 전문서 등이 빼곡히 꽂혀 있다. 다른 칸에는 『기려수필』『일제하 불교계의 항일운동』 등 독립운동 통사와 경북 포항시 남구 장기면 일대의 항일운동을 기록한 『장기고을 장기사람 이야기』류의 향토사, 『항일투쟁가 왕재일의 생애와 사상』처럼 거의 알려지지 않은 독립운동가의 평전도 있었다. 이런 그를 보고 소설 『영원한 제국』을 쓴 친구 이인화 작가는 '포스 컬렉터' (force collector)라는 별명을 붙여줬다고 한다. 제법 마음에 들었던지 구 검사는 이 단어를 이메일 아이디로 쓰고 있다.

"별명 따라가기엔 아직 많이 부족하지요. 하지만 수집한 지 10년쯤 되니까 이젠 간찰을 보면 무슨 내용인지, 어떤 종이를 썼는지, 내용이나 종이에 비춰볼 때 진품인지 아닌지를 어느 정도는 가늠할 수 있게 됐어요."

글씨가 관상보다 정확하다

그가 그동안 수집한 글씨를 모아놓은 바인더를 펼쳐 보였다. 수백 킬로미터를 운전해 마침내 손에 넣었다는 유동열의 글씨, 비좁은 고서점 구석에 앉아 종이 더미를 뒤지다 발견했다는 임한주의 글씨가 거기 있었다. 경매에서 비싼 값을 주고 구입한 글씨 못지않게 소중히 여기는 것들이다. 다른 바인더에는 친일파의 글씨만 보관돼 있었다. 항일운동사를 공부하면서 알게 된 악명 높은 이들의 글씨를 하나 둘 구입하다보니 또 하나의 수집품이 만들어졌다. 그가 두 권을 나란히 펴놓고 물었다.

"보세요. 어느 쪽이 독립운동가의 글씨인지 아시겠어요?"

간찰이 제법 모였을 때, 그는 이런 실험을 했다. 거실 바닥에 간찰 200여 점을 뒤섞어놓은 뒤 서명을 보지 않고 직감만으로 분리한 것. 독립운동가의 글씨로 느껴지는 것은 왼쪽, 친일파의 글씨로 느껴지는 것은 오른쪽에 뒀다. 예감은 90퍼센트이상 맞았다. '글씨가 곧 그 사람'이라는, 검사로 일하며 오랫동안 품어온 짐작이 사실로 드러난 셈이다. 뭐가 어떻게 다르더냐는 질문에 그는 설핏 웃어보였다.

"그냥 느낌이 달랐어요. '이게 항일지사 글씨 같다' 싶으면 정말 항일지사의 글씨였던 거지요. 두 글씨가 다른 건 분명한데 근거를 밝힐 수 없으니 답답하더군요. 도대체 이 차이가 어디에서 오는 걸까 고민하다 필적학을 공부하게 됐습니다."

필적학은 글씨체를 통해 글쓴이의 성격과 감정 등 내면세계를 분석하는 학문이다. 필적학자들은 필적을 뇌가 시키는 대로 손이 따라간 흔적이라고 여긴다. 필적만 보면 그것을 쓴 사람에 대해 알 수 있다는 뜻으로 '필적은 뇌의 지문'이라고 말하기도 한다.

"서구의 필적학자들은 실험을 통해 한 사람이 입이나 발가락으로 글씨를 써도 손으로 쓴 것과 똑같은 필체가 나온다는 사실을 증명했습니다. 글씨의 어느 부분이 어떤 성격을 드러내는지에 대해서도 과학적으로 분석했지요. 필적을 통해 사람의 잠재적인 범죄 충동을 찾아내고, 실제 범죄자들이 한 행위의 특징까지도 파악해냅니다. 이렇게 필적과 범죄 사이의 상관관계를 연구하는 건 검사로서 수사에도 도움이 될 거라는 생각이 들었어요."

그가 말을 이어갔다. 하지만 필적 분석 결과를 범죄 수사에 활용하는 건 위험할 수 있다. 19세기 이탈리아의 범죄학자 체사레 롬브로소는 인간의 골격을 통해 범죄자를 골라낼 수 있다는 이른바 '범죄결정론'을 주장한 적이 있지 않은가. "광대뼈가 튀어나오고 팔다리가 지나치게 길며 가슴이 발달하고 털이 많은 사람은 범죄자"라는 식의 그의 이론은 당대에 큰 화제를 모았지만, 현재는 사실상 폐기된 상태다.

"그러니까 철저한 연구와 분석이 뒷받침돼야겠지요. 아직 우리나라에서는 관련 분야에 대한 연구가 거의 이뤄지지 않았지만, 외국의 경우 이미 상당한 수준의 신뢰도가 확보돼 있어요."

구 검사는 2001년 미국에서 탄저균이 든 편지로 네 명이 살상됐을 때 FBI가 필적학을 수사에 동원했던 일을 예로 들었다. FBI는 범인이 보낸 편지의 글씨체를 분석해 '성인 남자, 타인과 별로 접촉하지 않는 직업군, 상당한 과학지식을 보유한 자, 다른 사람과의 관계에서 테크

닉이 부족한 자, 혼자 있기를 좋아하는 자일 것'이라고 추정했다. 이에 따라 육군전염병연구소의 세균전문가 브루스 아이빈스 박사가 범인으로 지목됐다. 아이빈스가 기소 전 자살함으로써 사건은 미궁에 빠진 채 종결됐지만, 구 검사는 그가 진범이었을 것이라고 믿는다.

"필적학이 말해주는 정보는 이렇게 상당히 구체적이에요. 글씨의 크기, 형태, 곧음과 굽음, 각진 여부, 글자 간격, 행 간격, 규칙성, 쓰는 속도, 정돈성 등이 각각 한두 개씩 글쓴이를 드러내 보여주지요. 제대로 된 정보를 얻으려면 알파벳 i의 점 찍는 위치, t를 쓸 때 바의 길이 같은 것까지 치밀하게 분석해야 합니다."

우리나라는 아직 필적학 연구가 일천하다. 그래서 구 검사는 영어 원서를 구해 읽으며 공부에 매달렸다. 해외 필적학 이론을 기초로 한 글에 맞는 새로운 글씨 분석 틀을 만들어보기도 했다. 첫 실험 대상은 자신의 수집품이었다. 그동안 그저 감으로 '반듯하다' '유연하다' 생각했던 것에서 한 걸음 나아가 필적학이 요구하는 각각의 항목에 맞춰 분해하듯 살피기 시작했다.

그에 따르면 독립운동가의 글씨는 대체로 작고, 각지고, 붓끝이 힘차다. 글자 간격은 좁고, 행 간격은 넓으며, 모양은 규칙적이다. 반면 친일파의 글씨는 크고, 좁고, 길다. 유연하며, 획이 아래로 길게 뻗치는 경우가 많다. 글자 간격이 넓은 대신 행 간격은 좁다. 속도가 빠른 반면 규칙성이 떨어진다. 그는 이 각각의 특징을 통해, 이들이 왜 국권침탈이라는 똑같은 상황에서 완전히 다른 선택을 했는지를 분석했다.

"자존심이 강하고 다른 사람에게 피해 주기를 싫어하는 사람, 이른바 원칙주의자들은 항일의 길을 걸었다. 반면 자유분방하고 주목 받기 좋아하는 사람은 친일을 선택했다"는 것이 그의 설명이다.

"글씨가 크면 보통 대범하다고 여기고 긍정적으로 평가하지 않습니까? 그런 점에 비춰보면 친일파들은 대부분 평소 호탕하고 인간관계가 좋다는 말을 들었을 겁니다. 융통성도 있었겠지요. 바로 그 점 때문에 국가나 민족 같은 도덕적인 가치도 저버릴 수도 있었을 거고요. 반면 갖은 고난을 겪으면서도 뜻을 꺾지 않은 항일지사들은 외골수에 고집쟁이 같은 면이 많았을 겁니다. 필적학은 이렇게 글씨가 주는 정보를 읽는 거예요. 가치판단은 그 다음 문제지요. 글씨를 통해 우리가 알 수 있는 건 잘잘못이 아니라, 글쓴이가 어떤 성격적인 특징을 갖고 있는가입니다."

그의 설명을 받아 적다 문득 그가 저자의 글씨는 어떻게 분석하고 있을지 궁금해졌다. "관상보다 글씨를 더 믿는다"고 말하는 글씨수사관이라면, 분명 기자의 글씨도 분석하고 있지 않았을까. 수첩을 펼쳐 보이고 품평을 청했다.

"괜찮은 글씨……"라며 한동안 뜸을 들이던 그는 "여기에 이름을 한 번 써보시라"며 깨끗한 종이를 내놓았다. 수첩과 종이에 적힌 글씨를 비교하며 그가 들려준 얘기는 이렇다.

"수첩에 쓰시는 걸 보고 글씨가 작다고 생각했는데 그렇지 않네요. 수첩 줄에 맞추느라 그런 것 같은데, 줄 안에 잘 맞춰 쓰고, 형태가 일관성을 갖고 있는 건 괜찮아요. 다만 좀 더 글씨에 힘을 주면 좋겠습니다. 'ㅁ'이나 'ㅂ' 끝을 단단하게 마무리 짓고, 선을 뻗을 때는 쭉 내리그으세요."

그에 따르면 글씨 크기는 글쓴이의 자기 이미지를 드러내는 창이다. 글씨를 크게 쓰는 사람은 말이 많고 표현하기를 즐기는 외향적인 사람이다. 자기 과시를 좋아하고 남에게 관대하다. 반면 글씨를 작게 쓰는 사람은 자신을 잘 드러내지 않는 스타일이다. 집중력이 뛰어나고 내성적이며 보수적이다. 예술가는 글씨를 크게 쓰고, 학자들은 작게 쓴다.

글씨 형태도 글쓴이에 대해 많은 것을 얘기해준다. 정사각형 모양으로 반듯하게 쓰는 사람은 흐트러짐이 없고 규율과 도덕을 중시한다. 들쑥날쑥한 글씨의 주인공은 행동을 예측하기 어렵고 일을 계획하거나 관계를 유지하는 데도 어려움을 겪기 쉽다. 글씨 선이 처음부터 끝까지 한 방향으로 곧고 일정하게 움직였는지, 글자 모서리에 각이 있는지, 모가 났는지 등은 성격의 굽음과 곧음을 판단하는 기준이 된다. 각은 의지의 표상이다. 각진 글씨를 쓰는 사람은 빈틈없고 엄격하다.

글자 간격에도 많은 정보가 담겨 있다. 마음이 넓은 사람은 자간을 넓게 준다. 이런 사람은 자신에게 관대하고 외향적이며 새로운 환경에 대한 적응력이 강하다. 반면 마음이 곧고 내성적이고 고지식한 사람은 글자 간격이 좁다. 이런 사람은 문제를 스스로 판단하려 하고 자의식이 강하며 자기 표현과 자기 인식이 엄격하다. 행 간격을 넓게 두는 사람은 남을 배려할 줄 알고, 사려 깊다. 반대로 판단력이나 자의식이 부족한 사람은 행 간격이 좁다.

그의 설명을 들으며 다시 수첩의 글씨를 살펴봤다. 빠르게 쓰는 바람에 괴발개발인 것에 비하면 줄 간격과 행 간격이 일정한 편이다. 형태도 균형을 갖췄다. 하지만 각과 모가 보이지 않는다. 좋게 말하면 유연하고, 달리 말하면 흘러가는 필체다. 구 검사는 "글씨를 빠르게 쓰다보면 힘이 빠지고 서체가 유연해진다"고 설명했다. 그래서 글씨 쓰는 속도도 글쓴이에 대해 많은 것을 얘기해준다고 한다. 글씨를 느리게 쓰는 사람은 임기응변에 약하고 관습적이며 정확한 것을 좋아하는 완벽주의자다. 반면 빠르게 쓰는 사람은 활동적이고 즉흥적이며 정보를 빨리 입수하는 사람이다. 구 검사는 기자를 직접 만나지 않았어도 서체를 통해 '이 사람은 정보를 빠르게 입수해 표현하는 일을 하고, 자의식이 강하지만 빈틈 많은 허당일 것' 따위의 정보를 알아냈을 것 같다.

그는 실제로 이런 분석 틀에 따라 항일·친일 논란이 있는 인물의 삶을 짐작해보곤 한다. 현재 우리나라에서 민족지도자라는 평가와 친일파라는 비난이 극명하게 엇갈리는 한 인물에 대해 그는 "절대 친일파였을 리 없다"고 말했다.

"이 글씨를 보세요. 각이 정확하게 져 있고, 아주 네모진 모양이지요. 행간도 무척 넓고요. 이 양반이 과연 친일을 했을까요? 이렇게 자의식 강하고, 남에게 피해주기를 싫어하는 성품의 사람이? 저는 아니라고 확신합니다. 그는 친일을 할 수 없는 사람이에요."

민족대표 33인 가운데 한 명으로 기미독립선언을 주도했지만 훗날

변절해 반민특위 법정에 선 최린에 대해서는 "기본적으로는 반듯하고 곧은 사람"이라고 평가했다. 문제는 행동을 예측하기 힘들고 내면이 안정돼 있지 않다는 점이다. 그는 최린이 바로 이런 면 때문에 말년에 친일이라는 돌이킬 수 없는 실수를 했다고 분석했다.

좋은 글씨, 나쁜 글씨

우리나라에서 이처럼 글씨 쓴 이의 성격 문제를 파헤치면서, 서구 이론이라 할 수 있는 필적학을 토대로 옛 글씨를 분석한 이는 그가 처음이다. 그의 컴퓨터에는 소장품 하나하나를 필적학 이론에 따라 분석한 파일이 저장돼 있다. 이승만의 절제와 박영효의 일탈, 김구의 졸박함과 이완용의 교묘함, 이준의 웅혼함과 조중응의 경박함이 글씨를 통해 드러난다. 그렇다면 사는 동안 서체가 바뀌는 것은 어떻게 봐야 할까. 그는 "글씨가 바뀌면 사람도 변한다"고 했다.

"자연적으로 필체가 변했다면 그건 내면에 어떤 변화가 생겼기 때문일 겁니다. 같은 이유로 열심히 노력해 서체를 바꾸면 삶도 바꿀 수 있다고 봐요. 외국에는 글씨체를 바꿔서 성격이나 내면 문제를 치유하는 필적요법(grapho-therapy)이 있습니다."

그는 사람의 품성을 선천적인 성격을 뜻하는 캐릭터(character)와 후천적인 성격을 가리키는 퍼스낼리티(personality)로 구별했다. 캐릭터는 타고나는 것이지만 퍼스낼리티는 노력에 따라 바꿀 수 있다. 도박중독자가 개과천선해 성실한 직장인이 됐다면 퍼스낼리티가 변한 것이라고 한다.

"미국의 유명한 필적 컨설턴트 바트 바겟은 21일에서 30일만 훈련하면 글씨체를 바꿀 수 있다고 했어요. 우리나라에도 '예쁜 글씨'를 만들어준다는 학원들이 적지 않지요. 그런 학원에 다니면 분명히 글씨체가 변할 겁니다. 그리고 삶도요. 이왕 글씨를 바꾼다면 단순히 보기 좋은 글씨를 흉내내기보다는 자신이 원하는 삶의 방향에 맞는 글씨를 연습하는 게 좋아요."

구 검사에 따르면 부자, 정치인, 학자의 글씨는 다 다르다. 부자 글씨체의 특징은 글자 하나하나마다 힘이 있다는 점. 특히 마무리 부분이 깔끔하다. 부자가 되려면 'ㅁ'을 쓸 때 끝을 단단히 맞물리려는 노력부터 해야 한다. 큰돈을 번 사람의 글씨는 여기에 유연함이 더해져 있다. 삼성그룹 창업주 고 이병철(李秉喆) 회장의 한자 서명을 보면 글씨의 오른쪽 어깨 부분에 모가 나 있되 흘러내림은 부드럽다.

출세하고 싶으면 단어나 문장의 첫 자음을 크게 써야 한다. 이승만 대통령의 글씨를 보면, 전반적으로 길쭉한데 유독 시작하는 자음이 크다. 'ㅊ'이나 'ㅎ'을 쓸 때 윗부분의 삐침도 두드러진다. 남들 앞에 서고 싶어하는 심리가 드러나는 대목이다.

학자의 글씨는 작고 균형 잡혀 있으며 가로와 세로의 획 크기 및 간격이 매우 일정하다. 최남선, 유진오, 김소월 등의 글씨가 이런 패턴을 보인다. 반면 범죄자들은 글씨체가 불규칙하고 글자 크기나 자간, 행간 등이 들쑥날쑥한 경우가 많다. 글자 크기가 들쑥날쑥한 사람은 순간적으로 기분이 바뀐다. 불규칙한 자간은 정신적으로 불안정한 성향을 상징한다. 행간이 불규칙한 이들 중에는 충동적이고 변덕스럽고 자신감 없는 사람이 많다. 이런 사람은 행동을 예측하기 어렵고 사고 발생 가능성도 높다. 강도 살인 등 강력범죄자들은 거의 예외 없이 행간이 좁거나 불규칙한 글씨를 쓴다. 판단력이 미흡하고 자기 훈련이 잘 안 돼 있으며 자신감이 부족한 사람의 특징이다. 자간 행간을 충분히 주지 못해 심지어 글씨가 서로 침범하는 경우도 있는데 이런 서체는 글쓴이가 매우 충동적이고 불안정한 성격의 소유자임을 보여주는 것이다.

"또 한 가지 중요한 것이 글자의 가로 배열에 수평을 유지하는 것입니다. 수평을 유지하며 쓰는 사람은 절제력이 있고 올바른 판단을 내리는 사람이지요. 이왕이면 수평 상태에서 오른쪽이 점점 위로 올라가는 스타일로 쓰는 게 좋습니다. 이런 사람은 낙관주의자인 경우가 많지요. 역대 대통령의 글씨는 모두 이런 양상을 보여요. 반면 오른쪽으로 갈수록 글씨가 내려가는 사람은 비관주의자인 경우가 많습니다. 독재자 히틀러의 글씨가 그렇습니다."

이런 연구를 토대로 『필적은 말한다』(중앙북스)는 책을 펴내기도 한 구 검사는 몇 년 전부터 서명을 바꿨다. 매일 수시로 하는 서명의 필체를 바꾸는 건 글씨체를 다 바꾸는 것보다 간단하면서도 효과적이라고 믿기 때문이다.

서체를 교정하기 위해 틈날 때마다 글씨 연습도 한다. 유려하면서도 힘이 넘치는 독립운동가 부재 이상설의 글씨가 모델이다. 글씨 모양 못지않게 신경 쓰는 건 글의 가로 수평선이 오른쪽 위로 올라가도록 하는 것. 그 덕분인지 언제부턴가 아내가 "당신은 뭘 믿고 그렇게 낙관적이냐"고 할 만큼 긍정적인 성격이 됐다.

그는 사람들이 글씨의 비밀을 알게 된다면, 그리고 글씨를 바꿈으로써 삶을 바꿀 수 있다는 걸 알게 된다면 세상은 지금보다 훨씬 나아질 것이라고 자신한다. 구 검사의 꿈은 검찰에 보관돼 있는 사건 파일들을 분석해 범죄자의 필적과 범행의 상관관계를 밝히는 것. 그래서 장기적으로 범죄자의 필적을 갖고 있는 이들이 글씨체를 교정하도록 이끄는 것이다. 그는 "이 꿈이 실현되면 우리 사회에 범죄를 줄이는 데 큰 구실을 할 것"이라며 "비행 청소년들이 좋은 글씨를 익혀서 그들의 삶을 바꿀 수 있다면 얼마나 좋겠느냐"고 말했다. 새 글씨를 기다리며 설렘을 드러내던 순간만큼이나, 그의 목소리가 들떴다.

물론 언젠가 자신이 모은 자료를 모두 사회에 기증하겠다는 마음도 변함없다. 더 많은 글씨를 수집하기 위해 노력하는 것은 가능한 한 완성된, 좀 더 가치 있는 수집품을 남기고 싶은 욕심 때문이다.

■ 글씨 수집가의 꿈

"제가 죽고 나면 이 수집은 불가능해질 거예요. 광복 이후 50여 년이 흐르면서 이미 구한말 자료들이 많이 사라졌거든요. 그런 점에서 큰 책임감을 느끼지요. 항일지사 이상용 선생 집안 아시지요? 퇴계 이황의 직계손이고, 조선 말기까지만 해도 99칸짜리 집에서 살 만큼 최고의 명문가였잖아요. 그런데 3대가 독립운동에 뛰어들면서

가문이 풍비박산 났어요. 가장들이 모두 일제와 싸우다 죽는 바람에 나중엔 자녀들이 굶어죽을 지경까지 내몰렸습니다. 그런 분들의 친필이 지금 10만 원, 20만 원에 팔리고 있어요. 아무도 사지 않으면 그조차 곧 사라질 겁니다. 제가 잘 모아서 역사에 남겨야지요."

그와 헤어져 돌아오는 길, 전화가 걸려왔다.

"아까 온다던 그 글씨, 가짜였어요"

무슨 뜻인지 이해하지 못해 잠시 멈칫했다. 아, 김병조 선생의 글씨. 싱글벙글 기대감을 감추지 못하며 기다리던 그 글씨가 위작이었나 보다.

"아직은 선생과 인연이 닿지 않은 것 같습니다"

구 검사의 얘기를 들으며, 그가 권병덕 선생의 글씨를 수집한 과정을 떠올렸다.

민족대표 33인중 한 분인 권 선생의 글씨를 수집하려다 그는 세 번을 실패했다. 누군가 글씨를 갖고 있다는 얘기를 듣고 부랴부랴 찾아가면 위작이었다. 기대감이 거의 무너질 무렵, 청주의 한 소장자가 선생의 글씨를 갖고 있다는 소문을 들었다. '이젠 포기하자' 마음먹었으면서 뭐에 홀린 듯 다시 달려간 그곳에 선생의 글씨가 있었다.

아마 그는 이제 김병조 선생의 글씨를 구하기 위해 또 그렇게 전국을 헤맬 것 같다. 그 글씨를 보고보고 또 보며 글씨가 들려주는 김병조 선생의 삶의 이야기에 빠져들 것이다.

"누구나 살면서 가슴에 꽂히는 일이 있다면, 나에게 그것은 글씨였다. 글씨는 내가 오랫동안 품어온 의문들을 하나하나 풀어주는 열쇠었다. 왜 어떤 사람은 목숨을 바쳐 불의에 맞서고, 또 어떤 사람은 자신의 안위와 이익만을 좇는가. 그 해답을 글씨를 통해 확인하고 싶었다."

구 검사가 『필적은 말한다』 책 머리에 밝힌 포부다. 그는 이 해답을 얻기 위해 오늘도 글씨를 모으고, 그 안의 비밀을 찾아 헤맨다.

'가지 않은 길'을
택할 것

수집가는 많다. 동전, 수석, 도자기 등을 모으는 이는 세상에 차고 넘친다. 신발장을 구두로 가득 채우고도 끊임없이 새 구두를 사들이는 '슈어홀릭'은 또 어떤가. 마음에 드는 구두를 사지 못하면 "자다가도 벌떡벌떡 일어난다"는 이를 나는 꽤 여러 명 알고 있다. 이들의 멋진 구두를 향한 열망은 구본진 검사의 간찰 사랑에 결코 뒤지지 않는다. 애써 구입한 구두 중 상당수를 신지 않는 것만 봐도 구매 이유가 소비보다 수집 쪽에 가깝다는 걸 알 수 있다.

수집가는 얼핏 보면 특정 물건에 과도하게 집착하는 인물로 보인다. 그러나 이들 중 상당수는 '물건' 자체보다 '모으는 행위'에서 더 큰 기쁨을 느낀다. 구 검사도 그렇다. 어린 시절 우표 수집에 몰두했을 때, 그는 자신이 우표를 정말 좋아하는 줄 알았다. 하지만 관심사는 계속 변해갔고 수집품은 선사시대 돌도끼부터 현대 추상 미술품까지 광범위하게 뻗어 갔다.

"미국 연수중 메트로폴리탄미술관 기증 유물관을 보면서 그동안의 수집은 그만 하자고 생각했어요. 모으는 동안 내가 기쁠 뿐 아니라, 결과적으로 사회에도 기여할 수 있는 수집품을 만들자고 마음먹었죠."

남들이 하지 않는 것, 그리고 내가 잘 할 수 있는 것. 두 가지 기준을 세웠다. 이에 부합하는 것이 독립운동가 간찰이었다. 보기 좋은 글씨, 명망가의 글씨만 높은 평가를 받던 수집계에서 그의 시도는 파격이었다. 풍비박산 난 집안에서 나온, 글씨 잘고 내용도 평범한 편지를 돈 주고 사다니. 그걸 구하겠다고 저리 공을 들이다니. 수집 초기 그의 '괴벽'을 신기하게 바라보는 이들이 적지 않았다. 그러나 한 걸음 더 나아가 친일파의 글씨까지 모으고, 두 서체의 경향성을 비교해 필적 연구의 새로운 영역을 개척하면서 구 검사의 바인더는 다른 수집가가 감히 흉내 낼 수 없는 독창적인 수집품이 됐다.

"호암 이병철, 간송 전형필의 고미술품 컬렉션은 지금 봐도 대단한 수준이죠. 하지만 이제는 삼성그룹을 통째로 판다 해도 그런 수집품을 모을 수 없어요. 신분질서가 무너지고 국가 체계가 혼란하던 시절, 진귀한 보물이 저잣거리에 쏟아지던 때만 한시적으로 가능했던 일이니까요. 그렇다면 이제는 좋은 수집가가 될 수 없는 것이냐. 그건 아니에요. 당시의 호암과 간송처럼, 이 시대에 자신만 할 수 있는 무엇을 찾아야 해요. 남들이 모두 내다버릴 때 사고, 사람들이 귀한 줄 모르는 것에서 귀함을 발견하는 사람이 진짜 수집가죠."

구 검사가 수집에 기울이는 열정은 현대 추상 미술품에 몰두했을 때나 지금이나 다르지 않다. 그러나 수집 품목을 바꿈으로써 그는 '장삼이사 컬렉터'에서 '포스 컬렉터'가 됐다.

숲 속에 두 갈래 길이 있었다
나는 사람이 적게 간 길을 택했다
그리고 그것 때문에 모든 것이 달라졌다

로버트 프로스트의 시 '가지 않은 길'의 일부다. 모두가 걸어간 길을 뒤따라가는 이는 자신의 역사를 만들 수 없다. 많은 이들의 시선이 빗겨간 곳에 '포스 컬렉터'라는 새로운 궤도가 있다.

UFO에 매혹된 과학자

맹 성 렬

1995년 국내 한 중앙일간지 1면에 경기도 가평군 상공에 나타난 UFO(Unidentified Flying Object·미확인비행물체) 사진이 실렸다. 해당 신문 사진기자가 포착한 것이다. 사상 초유의 일이라 진위 문제로 세상이 시끄러웠지만, 신문사는 느긋했다. 그들이 '믿는 구석'은 맹성렬(47) 씨였다.

"무려 4시간이 넘는 정밀작업 끝에 맹성렬 씨는 'UFO 사진'이라는 결론을 내렸다. …… 맹 씨의 말이 나오자 부원들에게서 박수와 환호가 터져나왔다."

당시 사진기자의 회고담이다.

사진에 찍힌 비행체는 이후 프랑스 국립항공우주국(CNES) UFO 조사기구에 의해 '지구상 물체가 아니다'라는 판정을 받았다.

맹 씨는 이런 인물이다. 국내 UFO 연구계에서 그의 이름은 '신뢰'의 다른 표현으로 쓰인다.

맹씨의 일상은 UFO 출현 여부에 따라 큰 폭으로 요동친다. 2010년 봄, 인터뷰를 요청하자 그는 "UFO가 나타난 것도 아닌데 누가 찾아오는 건 이례적"이라고 했다.

그의 본업은 전북 우석대 전기전자공학부 교수. 포털사이트에서 '맹성렬'을 검색하면 세계3대 인명사전 중 하나인 '마르퀴스 후즈 후(Marquis Who's Who)'에 등재된 공학자, 「나노물질 합성과 실리콘계 및 비실리콘계 나노 트랜지스터」 등에 대한 연구로 수십 편의 SCI(과학기술논문인용색인)급 논문을 발표한 연구자, 2006년 특허청이 수여하는 특허 부문 최고상 '세종대왕상'을 받은 발명가, 화학 전공자가 아님에도 미국 화학학회 정회원으로 선출돼 화제를 모은 교수 등에 대한 정보가 뜬다. 모두 그를 설명하는 내용이다. 동시에 그는 세계 최대 UFO단체 뮤폰(MUFON)의 한국 대표이기도 하다.

명망 있는 과학자와 '철 덜 든 어른'. 결코 한 점에서 만날 수 없을 것 같은 서로 다른 두 평가 사이에 그가 있다.

"잘 모르는 사람들은 어색하게 생각하기도 하죠. 하지만 UFO는 '철든 사람'에게 더 어울리는 주제예요. 저도 어릴 때는 아무 관심 없다가 대학 졸업 전후해 이 분야에 눈을 돌리게 됐거든요."

 현대 종교의 탄생
무심코 어린이 잡지를 뒤적이다 UFO 목격자들의 체험담을 읽은 것이 계기였다.

"어떤 여자가 외계인한테 납치돼 그의 아이를 가졌다더라, UFO 주위에서 키 120㎝ 안팎의 날개 달린 난쟁이들이 온몸에서 빛을 뿜으며 날아다니더라, 하늘에서 강한 빛이 쏟아지고 귀청을 찢을 듯한 휘파람 소리가 들리더니 온몸이 굳어 꼼짝할 수 없더라, 빛이 사라지고 나니 오랜 병이 깨끗이 나았더라, 같은 얘기들이었죠."

'이거 재밌네' 하는 생각이 들었다. 어릴 때부터 신화, 종교, 요정 설화 등에 관심이 많았던 터라, 이게 바로 신화요, 종교요, 요정 설화구나 싶었다.

"말하자면 텍스트의 현현(顯現)이었죠. 이걸 통해 종교의 기원이나 신화의 탄생 배경 같은, 늘 마음에 품고 있던 오랜 호기심을 풀 수 있겠구나 싶었어요."

구약성서에는 모세가 야훼의 빛과 열에 노출되는 대목이 등장한다. 하늘에 나타난 강렬한 불기둥은 모세를 이끌고, 유대인이 강력한 단합을 이루게 하는 촉매제 구실을 한다. 이런 체험이 현대의 자칭 UFO 목격자들에게도 동일하게 나타나는 게 흥미로웠다. 비슷한 관심을 가진 친구들과 같이 공부하면 좋겠다 싶어 교내 게시판에 'UFO 연구 동호회원 모집' 인쇄물을 붙였다. 돌아온 반응은 '너 좀 이상하구나'였다.

"다 큰 사람이 UFO에 대해 진지하게 얘기하는 거 자체가 우습게 여겨지던 때니까요."

그렇게 혼자만의 연구가 시작됐다.

1980년대 중반 우리나라에서 UFO에 대한 자료들을 찾는 건 불가능에 가까웠다. 그는 대형 서점에 비치된 외서(外書) 목록을 뒤져 UFO 관련 자료를 구하기 시작했다. 그 안에서 새로운 세계를 만났다. 알고 보니 해외에서는 이미 UFO가 뜨거운 이슈였다. 내로라하는 석학들이 논문을 발표하고, 국가 정보기관에서 보고서를 내기도 했다.

우리 곁의 UFO

"관련 논의가 이미 40년 이상 진행된 상태였어요. 우리나라에서 UFO 얘기는 미스터리 가십 수준이었는데, 외국의 경우 물리학, 심리학, 의학, 신학에 이르기까지 다양한 분야에서 연구 결과가 나오고 있더라고요."

왜 그들은 그토록 UFO에 관심을 가지는 것일까. 맹 교수에 따르면 그 차이는 우리와는 전혀 다른 출발 때문이다.

UFO라는 존재를 세상에 처음 알린 사람은 2차 세계대전 당시 독일군과 치열한 공중전을 벌이던 미 공군 조종사다. 당시 언론에는 공 모양의 비행물체들이 빛을 내뿜으며 시속 800킬로미터의 속도로 미군 폭격기 사이를 날아다녀 조종사들이 긴장했다는 내용의 기사가 나온다. 이 비행체가 레이더에 포착되지 않았기 때문에 군 정보기관에서는 이 사건을 대중 환각에 기인한 것으로 결론지었다.

"그런데 사건이 그렇게 끝나지 않았어요. 1947년 그 유명한 '로스웰 사건'이 터진 거죠. 이 무렵부터 미국에 UFO 광풍이 몰아치기 시작합니다."

'로스웰 사건'은 그해 미국 뉴멕시코 주 로스웰 시의 한 지역신문이 '우리 지역에 괴 비행체가 불시착했고 그 잔해를 공군이 회수해갔다'는 기사를 실은 데서 촉발된 일련의 사건을 가리키는 말이다. 이 보도가 미국 전역과 세계 각지로 타전될 즈음, 갑자기 언론 통제가 시작됐고 미군은 그 기사가 오보였다고 발표했다. 하지만 이미 확산된 '미확인비행물체'에 대한 관심은 수그러들지 않았다. 그 사건으로부터 한 달간, 공식적으로 접수된 시민과 항공기 조종사들의 '괴비행체' 출몰 신고만 1,000건이 넘는다. 군에서도 진지하게 반응하지 않을 수 없었다. UFO라는 용어는 이 사건 이후인 1948년, 미 공군의 정보부서가 작성한 보고서에 처음 등장한다.

"더 이상 UFO를 '환상'으로 치부하기 어렵게 된 거죠. 사람들이 목격한 비행체가 현대 물리학으로 설명할 수 없는 존재라는 점이 문제였어요. 1955년 6월 미국 뉴욕 주의 유티카 근처 상공을 비행하던 조종사들은 지름 50미터가량의 UFO가 음속의 6배 속도로 날아가는 것을 봤습니다. 이 물체는 그 시각 같은 지역을 비행하던 두 대의 다른 비행기 조종사에 의해 목격됐고, 관제탑과 레이더 기지에도 포착됐어요. 문제는 그때 소닉붐(sonic boom·대기 중에서 비행체가 음속을 돌파할 때 내는 충격음)을 전혀 발생시키지 않았다는 점이죠."

현대 지구의 과학 수준으로는 설명할 수 없는 일이다. 심지어 1950년대에는 어땠겠는가. 맹 교수에 따르면 이 사건은 미국 공군사관학

교가 펴낸 「우주과학 입문」이란 교재에 실려 있다. '도저히 설명할 수 없고, 현재의 물리법칙에 위배되는 것 같다'는 내용이다.

이야기를 듣다보니 점점 그의 곁으로 다가 앉게 됐다. UFO가 '철든 사람'이 관심을 가질만한 분야라는 말에 조금씩 고개가 끄덕여진다. UFO에 관해 연구하면서 맹 교수는 한국에서도 비슷한 사례가 있었음을 알게 됐다. 팬텀기종을 조종하는 현역 공군 파일럿이 그를 찾아온 것이다.

"군사 항공 분야에 관한 한 최고의 전문가라 할 만한 인물이었어요. 게다가 매우 분별 있고 빈틈없는 사람으로 보였습니다. 그런데 훈련 중 괴비행체를 발견하고는 물어물어 저를 찾아온 겁니다. 당시 중령이었는데, 사건이 일어난 지역의 지도와 자, 각도기까지 챙겨와 당시 상황을 설명해줬어요."

반짝이는 은빛 표면의 비행체가 하늘에서 별똥별처럼 떨어지더니 자신이 타고 있는 연습기 쪽을 향해 쏜살같이 날아왔다고 했다. 전 과정을 15초에 걸쳐 똑똑히 관찰했다는 것이다. 공군 조종사에게 15초는 지리할 정도로 긴 시간이다. 유사시 1, 2초 안에 모든 상황을 판단해 대처하도록 훈련받은 그는 평소 연습한 대로 비행체의 모양과 속도와 비행패턴을 분석했다. 비행체는 마치 무언가가 죽 잡아끌기라도 하듯 수평으로 날아갔는데, 속도가 음속의 6배를 넘었다. 고도는 지상 300미터에 불과했다. 바로 곁을 스쳐 지나갔음에도 불구하고 레이더에는 아무것도 잡히지 않았다.

"제가 과학자입니다. 학부에서 물리학을 전공했고요. 확실히 말씀

드릴 수 있는 건, 지금까지 지구상에서 개발된 어떤 비행물체도 그렇게 낮은 고도에서 음속을 돌파해 비행할 수는 없다는 겁니다. 그랬다가는 엔진에 무리가 생겨서 타버려요. 많이 양보해 그 정도 속도를 낼 수 있는 비행체를 누군가 개발했다 해도, 그렇게 낮게 날 경우 비행체가 내뿜는 강력한 소닉붐 때문에 민가의 유리창이 다 깨져버리고 맙니다. 그런데 그 비행체는 아무 진동도, 소음도 내지 않았다는 거예요."

결코 존재할 수 없는 비행물체를 봤다는 사실은 중령을 두렵게 만들었다. 상부에 보고하면 비행부적격자로 낙인찍혀 파일럿을 그만둬야 할지도 모르는 상황이었기 때문이다. 그럼에도 자신의 체험을 덮어버릴 수 없었던 그는 내부 보고 절차를 건너뛰고 UFO 연구자 맹 교수를 찾아온 것이라고 했다. 그의 말을 믿을 수밖에 없었던 건, 해외의 UFO 사건에 대해 전혀 모르는 이가 외국 조종사들의 그것과 동일한 체험을 증언했기 때문이다.

"1990년 봄에 만난 또 다른 공군 장교도 비슷한 얘기를 털어놓았어요. 1980년 팀스피리트 훈련 중 겪은 일인데, 그동안 아무한테도 말하지 못 하다가 전역을 몇 달 앞두고 공개하는 것이라더군요."

사건 당시 정보장교였던 그는 두 대의 비행기에 나눠 타고 비행 훈련을 받은 4명의 조종사에게서 모두 괴비행물체에 대한 보고를 받았다. 소닉붐을 발생시키지 않는 음속 돌파, 급가속과 급회전, 레이더 미포착 등의 정황이 UFO에 대한 다른 증언과 일치했다. 목격자들은 모두 베테랑급 조종사였고, 심지어 부대장도 포함돼 있었다. 맹 교수를 찾아온 장교는 고심 끝에 이 조사 결과를 상부에 보고하지 않았다고 했다. 해당 장교들이 승진에 불이익을 받지 않을까 우려해서였다고 한다. 그 덕분인지 당시의 목격자들은 공군 안에서 계속 조종사로 일했고, 한 명은 소장까지 진급한 뒤 전역했다. 맹 교수는 인터뷰 중 이들 장교의 실명을 모두 공개했다. 그들을 직접 만나지는 못했지만, 최소한 그 이름의 주인공들이 우리 공군에서 조종사로 근무했던 것만은 확인했다.

"당시 부대장이던 예비역 소장님은 지금도 종종 뵙곤 합니다. 그분은 사건 당시 무척 당황스러웠지만 한편으로는 미국이나 소련 같은 강대국에서 비밀리에 최첨단 무기를 개발한 건 아닌가 하는 생각도 했다고 합니다. 그런데 수십 년이 지난 지금까지 그런 무기가 공개되지 않은 걸 보면 점점 '그게 지구의 기술이 아니었구나'라는 확신이 든다고 해요. 저 역시 같은 생각이고요."

'지구의 기술이 아니다', 참 모호한 결론이다.

하지만 과학자나 군인이 자신있게 말할 수 있는 '사실'의 최대치일 것은 분명하다. 그게 외계의 비행물체라는 증거는 아직 찾지 못했으니 말이다. 신화와 종교에 대한 관심에서 UFO를 연구하기 시작한 그가 점점 과학적인 분야를 파고들기 시작한 이유도 여기에 있다.

"좀 더 엄밀히 말하면 초과학, 초상학(超常學) 분야로 관심이 뻗어간 거죠. 저는 UFO의 출현이 현대의 종교인이나 신학자에게 굉장히 반가운 뉴스일 거라고 생각해요. 오늘날 기성종교가 위축된 이유는 과학만능주의 때문이거든요. 그런데 UFO는 '과학의 힘으로 이 세계를 모두 해석할 수 있다'는 믿음이 환상에 불과하다는 걸 보여주지 않습니까."

그는 '과학 너머의 과학', 현대 과학의 패러다임 밖에 있는 또 다른 과학에 대해 말했다. UFO를 대하는 주류 학자들의 태도와 사뭇 다르다. 해외 석학들은 현대 과학의 틀로 설명할 수 없는 UFO에 관한 신고가 계속되자, 이를 대중적인 망상의 문제로 설명하기 위해 다양한 이론적 틀을 마련해왔다. 『코스모스』 등의 책으로 세계적인 명성을 얻은 천문학자 칼 세이건도 이런 학자 가운데 한 명이다. 그는 UFO 연구자들이 외계인의 교신 흔적 등으로 평가하는 미스터리 서클에 대해 "유명해지고 싶어 안달 난 촌뜨기들이 만든 허풍"이라고 폄하했다.

초심리학에 빠진 물리학자

"칼 세이건은 '로스웰 사건'을 직접 조사하기도 했죠. 현장에서 알아본 결과 이 사건의 주요 목격자는 전부 가공의 인물이었다고 합니다. 공군기지 안 병원에서 우연히 외계인의 시체를 목격했다는 간호사, 추락한 UFO에서 외계인의 시체를 목격했다는 어느 대학의 고고학 발굴팀 모두 아예 존재하지 않았다는 거예요. 저도 그 사건의 실체에 대해서는 의문을 갖고 있어요. UFO를 목격했다고 주장하는 사람 가운데 상당수가 거짓말을 하는 것도 사실이고요. 하지만 일부 그런 사실이 있다고 해서, 모든 UFO 목격담을 허위로 여기는 건 위험하다고 생각합니다."

맹 교수는 만약 칼 세이건이 살아 있다면 그에게 편지를 쓰고 싶다고 했다. UFO나 외계인 관련 체험이 중세의 마녀광란이나 전투적 메시아니즘과 유사하다는 걸 지적하고, 이런 체험을 단지 환영으로 단정 지어서는 안 된다고 충고하겠다는 것이다.

"현대 과학이 많은 것을 이룬 건 사실이지만, 그것이 이 세계의 전부는 아닙니다. 감히 말하자면, 칼 세이건을 비롯한 과학자들이 한사코 지키려고 애쓰는 현재의 과학 패러다임은 머지않아 막을 내릴 겁니다."

주류 학자 가운데 그처럼 생각하는 이가 또 있을까, 호기심이 일었다. 그는 "예전에 케임브리지 대학에서 열린 만찬에 참석했다가 미국 애리조나대 인류학과 교수와 UFO에 대해 얘기한 적이 있다"고 했다.

"그분이 아무렇지도 않게 '외계인의 존재를 믿는다'고 하기에 속으로 '이 사람 조심해야 할 텐데' 하고 생각했어요. 많은 사람이 사석에서는 외계인에 대해 궁금해 하고 초물리적인 현상에 관심을 기울이지만, 드러내놓고 얘기하는 건 꺼립니다. 지금은 작고한 하버드대 존 맥 교수처럼 뜻밖의 고초를 겪을 수 있으니까요."

맹 교수에 따르면 하버드 의대 정신병학 교수였던 존 맥은 저명한 UFO 연구자이기도 했다. UFO에 납치당했다가 돌아왔다는 사람들을 만나면서 이 분야에 관심을 갖게 된 그는 '초상현상 연구

프로그램'이라는 연구소를 만들고, UFO 납치체험을 다룬 『피랍(Abduction)』이란 책도 썼다. 그런데 이 책의 내용이 문제가 돼 하버드대 인사청문회에 회부될 뻔 했다. UFO와 외계인의 존재를 인정한 게 문제였다.

"저도 그분의 책을 읽으며 '너무 앞서나간다'는 느낌을 받았어요. 과학자로서 좀 더 신중한 태도를 보였어야 했는데, 책을 보면 '어머나, 얘들이 진짜 요정을 본 거 아냐' 하고 놀라는 감정이 그대로 드러나거든요. 다른 학자들이 '과학자'의 그런 면을 용납하지 못한 거죠.

존 맥 교수는 책을 내고 얼마 지나지 않아 영국 런던에서 교통사고로 사망했는데, 그 부분에도 석연치 않은 면이 있어요. 사고 직후부터 종교집단의 소행일 거라는 얘기가 떠돌았지요. 아까 구약 얘기를 언급했는데, 구약에 등장하는 종교 체험과 현대인의 UFO 체험담 사이에는 분명히 유사점이 존재합니다. 그래서 UFO 문제를 잘못 다루면 자칫 '성서 속의 신은 외계인이다' 같은 맥락을 말하는 걸로 오해받을 수 있어요. 그러면 종교 근본주의자들의 타깃이 될 수도 있지요."

동료 과학자들의 몰이해에 종교 근본주의자의 공격까지……. 물리학을 전공하며 UFO학에 눈을 뜬 그가 본격적으로 이 분야를 연구하지 않고 공학박사가 된 건 이 학문의 불우한 운명을 알고 있었기 때문이 아닐까 싶었다.

"그보다는 학문적으로 자신이 없었던 거라고 하는 게 맞을 겁니다. 저는 원래 물리학자가 되고 싶었어요. 그 학문으로 세상 모든 현상을 설명할 수 있을 거라는 자신감에 차 있었지요. 그런데 시간이 지날수록 좌절감이 커진 겁니다. 특히 UFO 연구를 시작한 뒤엔 세상에 내가 도저히 알 수 없는 게 많다는 걸 알게 됐어요. 차라리 좀 더 실용적인 분야를 공부하고 싶다는 생각이 든 거지요."

맹 교수는 영국 케임브리지대 브라이언 조지프슨 교수 이야기를 꺼냈다. 케임브리지대학원 재학 중 노벨물리학상을 받은 이 천재 과학자는 이후 물리학자로서의 커리어를 접어버렸다. 기존 학문에 더 이상 연구할 게 없다고 생각하고, '과학 너머의 과학'을 연구하는 초심리학자로 전업한 것이다. 천재 과학자들의 삶을 다룬 한 과학 교양서에는 이런 대목이 나온다.

'브라이언 조지프슨은 노벨상 수상 후 물리학 문제를 너무 생각한 나머지 환각 증세를 보이기도 했다. 거의 수면을 취하지 않았기 때문이라며 환각을 억제하기 위해 다량의 신경안정제를 먹기 시작했고 결국은 망상에 빠져들어 어느덧 주 연구 분야가 양자론에서 초심리학으로 바뀌었다. 주류인 데이(day) 사이언스에서 나이트(night) 사이언스로 묻혀버렸다.'

촉망받던 물리학자가 비과학적인 분야를 연구하다니, 뇌가 이상해지지 않고서야 가당키나 한 일이냐라는 주류 과학계의 시각이 고스란히 담겨 있다.

"브라이언 조지프슨은 이후 물리학계에서 완전히 이단아가 돼버렸어요. 한 시대에 한 명 나올까 말까 하는 천재도 그렇게 되는데, 하물며 저 같은 사람이 전업으로 UFO를 연구하면 어떻게 되겠습니까. 또 하나 말씀드리고 싶은 건 그런 천재가 30년이나 연구했음에도 불구하고 아직 초심리학에 대한 어떤 연구 결과도 내놓지 못했다는 겁니다. 제 막연한 바람은 브라이언 조지프슨이 언젠가는 현대 과학으로 설명할 수 없는 초상현상을 이해할 수 있게 하는, 새로운 패러다임을 찾아주었으면 하는 겁니다."

그래서 맹 교수는 서울대 물리학과 졸업 후 카이스트 재료공학대학원에 진학해 공학자의 길을 걸었다. 이후 영국 케임브리지 대학원에서 박사과정도 마쳤다. 하지만 UFO에 대한 관심은 이어졌다. 마음이 이끄는 대로, 계속 책을 읽고 자료를 모으고 사람을 만났다.

■ 피라미드의 비밀

"제가 할 수 있는 선에서 계속 제기되는 질문의 답을 찾기 위해 노력한 거죠. 우주 삼라만상은 생각하면 생각할수록 경이감을 갖게 만드니까요."

겸손하게 말하지만, 그는 이 '경이로운 세계'의 정체를 파악하기 위해 누구 못지않게 열렬한 탐구를 계속하고 있다. 국내외 UFO 목격자들을 만나고, 영국 국방성에서 4년간 UFO 업무를 담당한 닉 포프, 미스터리 서클 전문가 콜린 앤드루스 등 해외 전문가들도 찾아다녔다. 이런 만남을 통해 그가 알고 싶었던 건 UFO의 존재를 믿으면서부터 늘 마음에 품고 있던 의문, 과연 이 비행 물체는 어디에서 오는가였다.

UFO의 기원에 대한 UFO 학계의 견해는 크게 외계기원설, 평행우주설 그리고 종교적·초심리적 현상설 등 3가지로 나뉜다.

외계기원설은 말 그대로 외계의 생명체로부터 날아오는 것이라는 의견, 평행우주설은 '같은 공간의 다른 차원에 존재하는 초에너지적 존재'의 작용으로 보는 학설이다. 초심리적 현상설을 지지하는 이들은 집단무의식 이론을 토대로 UFO의 출현을 인간의 초과학적 정신작용으로 이해하려 한다. 이 가운에 어느 것도 맹 교수의 의문을 명쾌하게 풀어주지 못했다.

그는 영국 유학시절 이집트를 여행하다 비로소 오랜 호기심을 해결해줄 실마리를 찾았다. 이집트 나일강 삼각주 정점에 위치한 세계 최대 규모의 석조 건축물, 피라미드 안에서였다.

"피라미드와 UFO는 둘 다 현대 과학으로는 설명할 수 없는 어떤 것이죠. 어릴 때부터 피라미드가 불가사의한 건축물이라는 얘기는 들었지만, 직접 보니 상상 이상이었어요. 주류 고고학계에서는 이 건물이 4,500여 년 전에 지어졌다고 하는데, 그렇다면 석기와 청동기만을 사용하는 '미개인'들이 그 정도의 건축물을 세웠다는 말이 되거든요. 아무리 노동력을 쏟아 붓는다 해도 불가능한 일이라는 걸 누구나 조금만 생각해보면 알 수 있어요."

그는 피라미드의 '불가사의'를 치밀하게 논증했다. 그에 따르면 대피라미드를 한 변의 길이가 3센티미터인 정육면체 돌 블록 형태로 쪼개면 지구 둘레의 3분의 2에 해당하는 길이가 된다. 사용된 돌의 무게는 총 600만 톤에 달한다. 고대인들은 이 엄청난 양의 재료를 현대 건축물에 비해 훨씬 적은 오차 수준으로 끼워 맞췄다. 오늘날 초정밀 수준기(평면의 수평 정도를 측정하는 기계)로 짓는 건물의 수준 오차가 전체 규격의 0.2퍼센트 남짓인데, 대피라미드의 오차는 0.03퍼센트에 불과하다.

그는 "피라미드 건설에 적용된 기술력이 현대의 건축술보다 월등히 우수하다는 것을 보여주는 결과"라고 단언했다.

그들은 외계인일까

다시 한 번 그의 곁에 바싹 다가앉았다. 그러니까 피라미드를 만든 게 UFO를 타고 지구에 오는 외계인이라는 것이냐, 인터뷰 내내 견지한 과학자로서의 조심스런 태도를 버리고 마침내 '외계인은 있다'고 말하려는 것이냐 묻지 않을 수 없었다.

"일단 확실한 건 아주 오래 전 지구상에 고도로 발전된 문명이 존재했다는 것이겠죠."

그는 역시 한 걸음 물러섰다. 하지만 자신의 확신을 숨기려 하지는 않았다.

"그 문명을 누렸던 이들이 지금까지 명맥을 이어왔다면, 분명 현대 과학 수준을 뛰어넘는 발명체, 예를 들면 UFO 같은 것도 만들어낼 수 있을 겁니다. 피라미드를 만든 존재와 UFO를 만든 존재가 실은 같은 게 아닐까 라는 가설이 가능하다는 말씀입니다."

그가 영국에서 만난 UFO 연구가는 이런 말을 했다고 한다.

"지구상의 문명은 최소한 수십만 년의 역사를 갖고 있으며, 고도의 지적 능력을 갖고 지구와 화성을 오갔던 존재가 있다"

그 사람은 "그런 존재를 우리 조상들은 신(神)이라고 불렀다"고 말했다.

맹 교수는 1995년 한 신문과의 인터뷰에서 '화성이 UFO 발진지일 가능성이 가장 높으며, 그들이 아직까지 인류와의 접촉을 피하는 이유는 문명의 격차가 너무 커서 한자리에 같이 앉아 협상할 대상이 아니기 때문일 것'이라고 말한 적이 있다. 그의 지금 설명과 맥이 통한다.

"먼저 밝힐 것은 그때의 발언도 가설 중 하나라는 겁니다. 과학 기술자로서 이 문제는 단언하기 힘든 측면이 있습니다. 외계인의 존재를 증명할 근거가 현재로서는 없기 때문이지요. 제가 말씀 드릴 수 있는 건 '수십만 년 전 지구에는 고도의 지성을 갖춘 생명체가 이룩한 초고대문명이 있었다. 어떤 이유에서인지 그것이 사라졌는데, 그 지성 생명체의 후예들이 지금 UFO를 타고 지구에 출현하는 존재일 가능성이 있다' 정도입니다."

그렇다면 그 생명체가 외계에서, 그중에서도 특히 화성에서 온다는 '가설'을 세운 근거는 뭔가. 그는 1990년대 초 『월간 뉴턴』이라는 과학 잡지에서 본 사진 한 장에 대한 이야기를 꺼냈다.

"미국의 광학 전문지 『어플라이드 옵틱스(Applied Optics)』지에 게재된 논문이 요약돼 실렸는데, 화성에서 사람 얼굴 모양의 바위가 촬영됐다는 내용이었어요. 사진을 보니 정말 사람의 얼굴 같더군요. 그때 '이게 UFO의 비밀을 풀 열쇠일 수 있겠다'는 생각에 무릎을 쳤습니다. 하지만 그 후 이 바위에 대해 계속 논란이 일었고, 화성 탐사선이 궤도를 수정해가면서 수차례 모습을 찍은 후 내려진 결론은 '사람 얼굴 모습과 상당히 동떨어진 형상이더라'라는 것입니다. 연구자들 사이에서는 NASA 음모론도 나돌고 있는데, 잘 모르겠어요. 화성의 바위를 직접 볼 수 있다면 정말 좋을 텐데……."

맹 교수는 혀를 찼다. 그는 아직 UFO를 직접 목격한 적이 없다. 외계생명체라고 주장하는 존재도 당연히 만나지 못했다. 그가 이 문제에 관해 조심스러운 입장을 취하는 건, 명확한 증거 없이 뭔가를 주장하지는 않겠다는 과학자로서의 신념 때문이다.

■ UFO와 안보

맹 교수가 원하는 것은 현대 과학의 패러다임으로 이해할 수 없는 문제가 존재한다는 데 공감하는 사람들이 그 사실을 외면하지 말고, 함께 연구하는 것이다. 특히 정부와 군의 관심이 필요하다고 생각한다.

"국가안보의 기초는 과학 기술력이에요. 군에서 일부러 진실을 숨긴다는 음모론도 있긴 합니다만, 저는 군의 과학 기술력이 민간에 못 미치는 게 진짜 이유라고 생각합니다. 군의 과학기술 역량을 높이기 위한 대대적인 혁신이 필요해요. UFO에 관해서는 더욱 그렇습니다."

그에 따르면 미국 공군은 1940년대 말 '프로젝트 사인'(1952년 '프로젝트 블루북'으로 개명)이라는 이름의 UFO 조사 기구를 설치했다. 약 20년간 이 기구에 접수된 UFO 관련 신고는 1만 2618건. 그러나 미 의회는 1969년 UFO 청문회를 연 뒤 정부가 공식적인 기구를 설치한 것이 오히려 국민의 불안감만 조성한다는 이유로 이 프로젝트를 종결하고 자료를 극비로 숨겨버렸다.

"국가안보의 상당부분을 미국에 의존하는 현실에서, 우리나라가 독자적인 조사 기구를 만드는 건 불편할 수도 있을 겁니다. 그러면 최소한 군 내부에 이런 문제를 전담하는 비밀조직이라도 마련했으면 합니다. 현역 군인들이 군에서 발생한 일을 민간 연구자에게 보고하는 건 아무래도 모양새가 이상하잖아요. 이런 문제에 대한 지식이 없는 조종사가 UFO를 적으로 오인하면 돌발 상황이 일어날 수도 있고요. 저는 군에서 요청할 경우 얼마든지 찾아가 제가 가진 정보를 공유할 생각이 있습니다."

현재 하는 일만으로도 충분히 바빠 보이는데, 그는 자꾸 일을 벌였다. 신화학 연구도 그중 하나다. 맹 교수는 2009년 이집트 신화의 비밀을 파헤친 책 『오시리스의 죽음과 부활』을 펴내 한국간행물윤리위원회의 '우수저작상'을 받았다. 그는 이 책에 대해 "메네스가 고대 이집트 왕국의 창시자라는 학계의 상식을 확 뒤집은 역작"이라고 자평했다.

"지금까지 그런 주장을 하는 논문이 한두 편 있긴 했습니다만, 저는 고대 이집트 왕권 신화의 본질을 밝히고 이를 학술적으로 증명했다는 점에서 차이가 있습니다. 이집트학의 새 장을 열었다고나 할까요. 이 책을 읽으면 고대 이집트 신화에 관한 한 제가 미국의 신화학자 조지프 켐벨보다 한 수 위란 사실을 알 수 있을 겁니다."

■ 르네상스人

보통 자신감이 아니다. 의기양양한 그에게 그렇게 계속 '딴짓'을 하면 학교에서 싫어하지 않는지 물었다.

"물론 전공 관련 일도 합니다. 우석대에 오기 전 한국전자통신연구원에서 케임브리지-ETRI공동연구센터 소장으로 일했어요. 총괄 연구책임자를 맡아 지능형 나노가스센서와 바이오센서를 개발했지요. 이에 관한 논문 2편이 2007년 국제반도체소자학회(IEDM)에 발표돼 세계적으로 주목받았습니다. 같이 연구한 케임브리지 학자들은 자국에서 이 기술로 벤처 회사를 만들었고, 우리나라에서도 2009년 중소기업청이 지원하는 '예비 기술창업자 육성사업' 대상으로 선정됐어요."

UFO학이든, 신화학이든, 대학과 대학원에서 전공한 주류 과학이든, 경계 없이 연구하고 마음껏 탐험하고 싶다는 그는 우리 시대의 '르네상스'인 같았다.

맹 교수의 꿈은 언젠가 전업 콘텐츠 생산자가 되는 것. 지금도 그는 2011년 가을 출간을 목표로 초과학과 초상현상에 대한 책을 집필하고 있다.

주류와 비주류, 과학과 비과학의 벽이 사라지는 새로운 패러다임의 세계에서 그는 우주 구석구석을 유영하며 새로운 콘텐츠를 쏟아내는 전문 저술가가 돼 있을 것 같다.

놀라운 일 앞에서
마음껏 놀라워할 것

"도서관의 천사 있잖아요."

맹성렬 교수가 이 말을 꺼냈을 때 처음엔 잘못들은 줄 알았다.

"천사요?"

"네. 도서관에 사는 천사. 모르세요?"

40대 후반 남자이자, 공학 박사이며, 저명한 대학 교수가 한 이야기다.

"도서관에서 우연히 뽑아든 책이 내가 찾던 바로 그 책일 때 있잖아요. '그 내용을 어디서 봤더라……' 하며 뭣부터 찾기 시작해야 할지 몰라 고민하고 있을 때 딱 펼친 페이지에 바로 그 구절이 들어 있는 경우요. 그때 저는 '도서관의 천사가 나를 도와줬구나'라고 생각해요."

두꺼운 안경알 너머 눈동자가 빙긋 웃고 있다. 100퍼센트 진심은 아닌 거다. 그렇다고 100퍼센트 농담도 아니다. 그에 따르면 서양 사람들은 일찍부터 이런 믿음 혹은 기대를 품어왔다. '도서관의 요정(library fairy)'에 대한 구전 민화도 있다. 맹 교수는 그 이야기를 알기 전부터 도서관 안에서 작동하는 신비로운 힘에 남몰래 경탄하곤 했다고 말했다.

"거창하게 말하면 칼 융의 동시성 같은 거지요……."

늘 그랬다. 그는 보통 사람이 '우연'으로 치부할 법한, 혹은 그 정도의 의미조차 두지 않고 흘려보낼 법한 일상의 신비를 민감하게 받아들여 왔다.

"잘 자다가 문득 지금 시간이 이 정도 됐겠다 생각하고 눈을 뜰 때가 있어요. 그러면 정말 딱 그 시간이에요. 자면서도 뇌가 시간의 흐름을 느 끼는 거죠. 신기하지 않나요?"

그러고 보면 세상에는 신기한 일 투성이다. 친구에게 전화를 걸기 위해 수화기를 들다가, 바로 그 친구에게 걸려온 전화를 받는 경우가 있다. 지 난 밤 꿈 속에서 겪은 일이 현실에서 재현되기도 한다. 음속을 돌파한 물 체가 지상 가까이에서 소닉붐조차 일으키지 않은 채 비행하다 사라질 때 도 있다.

"한두 명도 아니고 수많은 사람이 이런 경험을 공유하다니, 정말 놀랍 잖아요."

스스로를 '생명과 인류문명과 우주의 신비에 대해 무한한 경이감을 느끼는 연구자'라고 소개하는 맹 교수의 관심사는 UFO에 그치지 않는 다. 한 번은 "요즘 읽고 있는 책"이라며 가방에서 『TALKING TO THE

DEAD』라는 원서를 꺼내 보여준 적도 있다. 10대 자매가 자기 집 창고에 살고 있는 유령을 만나 오래 전 벌어진 살인사건의 비밀을 풀어낸, 미국에서 일어난 실화를 기록한 책이라고 했다. 이런 주제를 얘기할 때 그의 목소리는 살짝 높아진다. 알 수 없는 일로 가득한 세상에 대한 설렘이 배어나온다.

어린 시절 라디오를 분해해본 이가 많을 것이다. 볼품없어 보이는 네모 상자에서 어떻게 소리가 흘러나오는 건지, 알아낼 수만 있다면 아버지의 꾸중쯤은 두렵지 않던 시절이다. 맹 교수는 지금도 그렇다. UFO와 고대 문명, 심령학 그리고 '도서관의 천사'까지 '세상의 모든 경이로운 것들'에 대한 감탄은 여전히 그를 사로잡는다.

세상은 아직 완전히 해석되지 않았다. 전문가조차 알아내지 못한 세계의 비밀이 주위에 가득하다. '놀라운 일 앞에서 마음껏 놀라워하는' 맹 교수처럼, 새로운 궤도를 열어갈 여지가 우리에게도 남아 있는 이유다.

세상은 읙

읙등

1987년, 소년은 열한 살이었다. 남자라면 모름지기 웃통 벗고 달려드는 이소룡이나 화려한 기예를 구사하는 성룡 같아야 하는 줄 알았다. 그때 그의 앞에 슈트를 입은 영웅이 나타났다. 지폐를 태워 담뱃불을 붙이고, 미소 머금은 입술로 성냥개비를 씹는 남자. '강호의 의리가 땅에 떨어졌다'고 탄식하며 악당을 향해 쌍권총을 꺼내 드는 사나이. 〈영웅본색〉의 '소마(주윤발)'였다. 긴 트렌치코트 자락을 휘날리며 거침없이 총알을 쏘아대는 그의 모습은 얼마나 근사했던가. "나는 신(神)이야. 자신의 운명을 마음대로 할 수 있는 사람이 바로 신이니까"라고 말하던 그가 송자호(적룡)와의 의리를 지키기 위해 스스로 죽음을 선택했을 때는 얼마나 비통했던지. 동네 친구들과 지린내 풍기는 동시상영극장에서 이 영화를 본 날부터 소년은 더 이상 과거의 꼬마가 아니었다. "모든 것은 '영웅본색'으로부터 시작됐다"고 말하는 주성철(35) 씨 얘기다.

"어느 날 우연히 여자 친구의 블러그 글을 본 적이 있어요. '소마와 송자호에게 부끄럽지 않게 살고 싶다'고 쓰여 있더군요. '멋지게 살고 싶다'는 얘기를 이보다 더 선명하게 표현할 수 있을까, 충격을 받았어요. '아, 이 말은 내가 먼저 했어야 했는데' 선수를 빼앗긴 것 같아 분하기도 했죠."

그 역시 미래를 생각할 때면 늘 소마의 모습이 떠올랐다. 〈영웅본색〉 이후 극장마다 내걸리기 시작한 홍콩 누아르(noir) 영화는 남자가 살아야 하는 삶의 모범 답안 같았다. 스토리 전체를 짓누르는 짙은 우울함과 죽음의 미학에 매혹됐다. 개봉 영화는 빠짐없이 보러 다니고, 영화잡지 『스크린』과 『로드쇼』도 사 모았다.

■ 영화 순례자

20여 년이 흐른 지금도 홍콩 영화에 대한 그의 사랑은 여전하다. 한국에서 개봉하는 모든 영화뿐 아니라 한국에 수입되지 않은 영화까지 챙겨 본다. 그 가운데 눈길을 끄는 촬영지를 꼽아 시간 날 때마다 직접 찾아다닌다. 직장 생활 틈틈이 1박3일, 혹은 2박4일 일정으로 홍콩을 다녀온 게 이미 수십 번이다.

"정확히 몇 번인지는 모르겠어요. 시간과 돈이 될 때마다 훌쩍 다녀오는 거라 굳이 셀 생각을 안 했거든요."

확실한 건 어딘가로 떠날 수 있을 때는 늘 홍콩을 찾았다는 점이다.

여행을 즐기지 않는 그는 지금껏 제주도에조차 간 적이 없다. 경주, 설악산도 수학여행으로 다녀온 게 전부다. 그의 촉수는 오직 홍콩, 그 중에서도 자신이 본 영화 속 공간을 향해 뻗어 있다. 홍콩은 섬 전체가 거대한 영화 세트라는 말이 있을 만큼 영화 촬영지가 많은 곳. 〈화양연화〉에 등장하는 골드핀치 레스토랑처럼 유명한 장소에는 늘 관광객이 붐빈다. 그 역시 그런 곳을 들르곤 한다. 하지만 더 좋아하는 건 아무도 모르는 영화 촬영 장소를 찾아내는 일이다.

〈도화선〉에서 마지막 격투가 벌어진 그 폐가는 도대체 어디에 있는 걸까. 저렇게 독특한 자연경관이 정말 홍콩에 있단 말인가. 궁금증이 생기면 그는 일단 눈을 크게 뜬다. 영화를 돌려보며 도로 표지판이나 간판이 스쳐 지나갈 때마다 일시정지 버튼을 누르고 받아 적는다. 영화가 끝난 뒤 올라가는 장소 협찬 목록도 빠짐없이 메모한다. 그 뒤 홍콩에서 구입해 온 정밀지도 색인과 대조해 주소와 간판이 일치하는 지점을 찾는다. 아무래도 안 보일 때는 무작정 홍콩으로 떠나 택시를 탄다. 영화 속 거리 이름을 한자로 적어 택시 기사에게 내민 뒤 내리라는 곳에서 내리는 거다. 그때부터는 눈에 익은 장소가 나올 때까지 무작정 걷는다.

"구글 어스가 조금만 빨리 나왔어도 이런 수고를 덜었을텐데. 처음엔 정말 '노가다' 자체였다고요."

2000년 처음 홍콩 땅에 발을 들인 뒤부터 10년 동안, 대략 이렇게 홍콩 거리를 밟아왔다. 〈도화선〉의 폐가를 찾아 인적 없는 습지를 헤매다가 늪에 빠져 '이대로 죽는구나' 생각한 적이 있고, 째깍째깍

올라가는 택시미터기 소리에 숨이 막혀 '여기서 포기할까' 고민한 적도 있다. 그래도 그를 계속 떠나게 하는 건 어렵사리 영화 속 공간을 발견했을 때 찾아오는 기쁨, 무엇과도 비교할 수 없는 희열이다. 〈올드 보이〉의 박찬욱 감독은 이런 그에 대해 "치고 박고 총질하는 영화들에 대한 그의 열광은 때로는 장엄하기조차 하다"고 평했다.

사실 홍콩 영화는 1980~90년대 대한민국 거의 모든 소년의 가슴에 불을 질렀던 존재다. 그 시절, '치고 박고 총질하는' 영화에 '열광'하지 않는 이가 있었던가. 처음 인터뷰를 제안했을 때 주성철도 "내가 학생이던 시절 홍콩 영화 마니아는 주류 중에서도 주류였다. 영화 잡지의 메인 페이지에는 늘 성룡이나 장국영이 실렸고, 기자들이 배우들의 홍콩 집에 찾아가 인터뷰하는 일도 흔했다. 내 또래 가운데 상당수는 언젠가 나처럼 홍콩 땅에서 판타지의 공간을 찾아다니겠다는 꿈을 꿨을 거다. 그걸 했을 뿐인데 인터뷰할만한 대상이 되나"라고 했다. 물론, 기자의 대답은 "당신 주위에 지금도 그런 사람이 있느냐"였다.

"그렇군요. 정말 그 친구들, 지금은 다 어디로 갔을까요."

주성철이 특별한 건 이 때문이다. 겨우 20년 사이, 수많은 이들이 그의 곁을 떠났다. "홍콩 영화를 신물 나게 보다 지친 나머지 꽤 오래 끊고 지낸" 박 감독처럼, 그 뜨겁고 매혹적이던 세계 밖으로 걸어 나갔다. 그러나 이 남자의 가슴 속엔 여전히 그 시절, 심장을 달구던 불꽃이 있다. 세상에서 가장 멋진 남자를 롤 모델로 삼았던 열한 살 소년이 여전히 살아 숨 쉬고 있다.

유덕화의 계단

"얼마 전 코즈웨이베이 거리에 갔어요. 〈영웅본색〉에서 총상을 입고 장애인이 된 주윤발에게 옛 부하가 돈을 던져주던 곳이죠. 그 거리에 서면 영화 장면이 그대로 떠올라요. 번쩍번쩍한 건물에서 슬로 모션으로 걸어 나오는 부하. 주윤발에게 '밥이나 사 먹으라'며 지폐를 내던지는 손짓. 아. 그리고 주윤발이 바닥에 나뒹구는 지폐를 하나씩 주워드는 모습……. 생각나세요?"

그와의 대화는 이런 식이다. 공간은 영화가 되고, 영화는 다시 추억이 된다. 처음 이런 여행을 생각한 건 언제였을까. 이 질문에 그는 〈천장지구〉 얘기를 꺼냈다. 주성철을 홍콩 영화의 세계로 불러들인 것이 〈영웅본색〉이라면, 결코 헤어 나오지 못할 만큼 빠지게 만든 건 〈천장지구〉다. 모든 영화는 배우가 죽어야 마무리되는 것이라고 여기던 시절, 늘 죽음으로 자신의 존재를 증명하는 유덕화는 그를 매혹시켰다.

주성철에 따르면 유덕화는 늘 죽는다. 〈투분노해〉에서도 죽고, 〈천장지구〉에서도 죽고, 〈복수의 만가〉에서도 죽고, 〈지존무상〉에서도 죽고, 〈천여지〉에서도 죽고, 〈용재강호〉에서도 죽고, 〈풀타임 킬러〉에서도 죽고, 〈결전〉에서도 죽고, 〈파이터 블루〉에서도 죽고, 〈삼국지: 용의 부활〉에서도 죽고, 〈무간도〉 마지막 편에서도 죽는다. 실제 죽지 않는다 해도 〈강호정〉에서는 죽을 '뻔'하고, 〈암전〉에서는 죽은 '척'하며, 〈열혈남아〉에서는 거의 죽은 것이나 마찬가지다. 죽음을 향해 거침없이 돌진하는 그의 모습이 특히 인상적이었던 〈천장지구〉의 마지막 부분, 복수를 결심한 유덕화가 홀로 비탈길을 걷는 장면은 지금도 잊을 수 없다.

"비스듬한 오르막길, 가스등이 밝히고 있는 계단 위를 칼을 숨긴 채 천천히 걸어가지요. 만신창이가 된 몸으로 코피를 쏟으며, 제대로 말도 듣지 않는 발을 한 걸음씩 옮깁니다. 그 부분을 볼 때마다 저기가 어딘지 알기만 하면 당장 달려가고 싶다는 생각을 했어요. 쓰러지는 유덕화를 잡아주고, 그의 죽음을 막고 싶었죠."

2000년 회사 출장으로 처음 홍콩에 가게 됐을 때 물어물어 〈천장지구〉 속 계단을 찾았다. 이렇게 주성철의 마음 속 소년은 지금도 그를 움직인다. 강렬하게 잡아끈다. 그리고 그 첫 영화 속 여행에서 그는 새로운 경험을 했다. 19세기 말 설치된 네 개의 가스등이 서 있는 그 계단에서, 웨딩사진을 찍고 있는 신혼부부를 만난 것이다. 가슴이 먹먹했다. 〈천장지구〉에서 유덕화는 연인 오천련과 둘만의 결혼식을 올린 뒤 신부를 성당에 남겨둔 채 이곳으로 달려온다. 이어진 참혹한 죽음……. 행복의 정점에 서 있는 신혼부부의 웃음 너머로, 뜨겁게 사랑했지만 끝내 함께하지 못했던 〈천장지구〉 속 두 청춘의 비극이 떠올랐다. 지독한 슬픔의 무게가 뼛속까지 생생히 전해졌다.

▬ 그곳에 영화가 있었네

"수없이 〈천장지구〉를 봤지만 그날 그 자리에서 비로소 영화를 완전히 이해한 느낌이었어요. 홍콩 영화가 제게 주는 기쁨을 제대로 느끼려면 영화 속 장소를 찾아가야겠다는 생각이 들었지요."

장국영·장만옥·유덕화가 출연한 〈아비정전〉 속 공간을 찾았을 때 이 생각은 확신이 됐다. 장만옥의 옛 남자친구(장국영) 집이 있는 곳은 성완 캐슬로드. 한없이 비가 쏟아지던 날, 이 길에서 이별을 맞은 장만옥이 멍하게 서 있자 순찰 돌던 경찰(유덕화)이 다가와 말을 건넨다.

"영화 속에서 유덕화와 장만옥은 이야기를 나누며 밤거리를 느릿느릿 걸어요. 그때 경적을 울리며 천천히 트램이 다가오지요. 언덕 위 캐슬로드에서 트램이 다니는 아래 동네까지, 그들이 걸은 길을 따라 똑같이 걸어봤습니다. 30분 넘게 걸리더군요. 짧지 않은 시간 동안 두 사람은 무슨 이야기를 나눴을까……. 내내 생각했지요. 직접 그 길에 서지 않으면 알 수 없는 영화의 행간을 읽은 느낌이었어요."

그때부터 홍콩은 그에게 영화보다 더 영화 같은 판타지의 공간이 됐다. 한국에서 시름시름 기운 빠져 지내다가도 홍콩 첵랍콕 공항에 발만 디디면 〈유주얼 서스펙트〉의 카이저 소제처럼 힘 있게 걷고 있는 자신이 느껴졌다. 〈열혈남아〉에서 장만옥과 유덕화가 뜨거운 키스를 나눈 공중전화 부스를 발견했을 때도 가슴이 뛰었다. 도무지 어딘지 알 수 없던 이 장소의 단서는 영화 속 장만옥의 대사에서 얻었다. 란타우 섬에서 온 친척! 혹시나 싶어 란타우 섬과 홍콩 섬 사이의 교통편을 찾아봤다. 홍콩 센트럴 지역 페리 선착장에서 1시간쯤 배를 타면 란타우 섬 무이워 선착장에 도착한다는 걸 알았다. 기대를 품고 달려간 그곳에 영화 속 공중전화 부스가 그 모습 그대로 놓여 있는 걸 봤을 때 느낀 기쁨이란……. 이런 성공의 경험이 그에게 계속 다른 장소, 또 다른 장소를 찾게 만들었다.

〈영웅본색〉의 마지막 부분, 홍콩을 떠날 결심을 한 주윤발이 "다른 건 다 버려도 홍콩의 야경만은 정말 아까워"라고 말하며 도시를 내려다보는 장면에서 그의 두 눈 가득 들어오는 야경의 촬영지를 찾은 것도 특별했다.

"흔히들 홍콩에서 가장 아름다운 야경은 피크 트램을 타고 빅토리아 피크에 올라가서 바라보는 광경이라고 여기잖아요. 저도 오랫동안 주윤발이 서 있는 곳이 빅토리아 피크일 거라고 생각했어요. 그런데 어느 날 문득 영화 속에서 그가 얘기할 때 하늘 위로 비행기가 오가는 게 보이는 겁니다."

'아. 첵랍콕 공항이 생기기 전 홍콩의 관문이었던 카이탁 공항 근처구나' 싶었다. 그 근처를 샅샅이 뒤진 끝에 구룡성채가 내려다보이는 외딴 산에서 비로소 영화 속 야경을 만났다. 주윤발처럼 그곳에서 홍콩 섬을 내려다보며 주성철 역시 "다른 건 다 버려도 홍콩의 야경만은 정말 아까워" 되뇌지 않았을까. 이 산은 〈성항기병〉과 〈아비정전〉에도 배경으로 등장하는 곳. 홍콩의 영화 촬영지를 찾아다니다 보면 이렇게 수많은 영화가 한 군데서 만나고 어우러진다.

■ 홍콩 마니아

〈금지옥엽〉에서 기분 좋게 취한 장국영이 동료들과 헤어져 퇴근하던 곳, 〈희극지왕〉에서 학생으로 가장한 술집 종업원 장백지가 발랄하게 등교(출근)하던 곳은 모두 〈천장지구〉에서 유덕화가 비극적인 죽음을 향해 한 걸음씩 걸어가던 그 계단이다. 〈AD2000〉에서 테러리스트 노혜광이 곽부성의 추격을 피해 미드레벨 에스컬레이터의 지붕을 타고 달아나는 장면 뒤로는 〈중경삼림〉 속 양조위의 집이 스쳐 지나간다. 〈희극지왕〉에서 주성치와 장백지가 키스를 나누는 섹오비치 마을회관은 〈성항기병〉에서 유덕화와 이미봉이 키스를 나눴던 장소이기도 하다.

"그런 걸 발견하면 대여섯 명 식구가 같이 사는 단칸방을 남몰래 엿본 듯한 기분이 들죠. 큰아들은 공부하고, 엄마는 바느질하고, 아빠는 술 마시고, 애기는 잠도 자는……. 영화 〈2046〉에서 양조위가 이런 말을 해요. '다른 시간, 다른 공간에서 스쳤다면 우리의 인연도 달라졌을까?' 전 이 대사를 들을 때마다 홍콩이 떠오릅니다. 같은 장소에서 늘 다른 시간, 다른 공간을 느끼게 하는 곳이니까요."

섹오비치 마을회관 앞 나무도 그렇다. 1989년 작 〈성항기병〉 당시만 해도 꼿꼿하게 서 있던 젊은 나무는 2000년작 〈희극지왕〉에 이르면 비스듬히 쓰러져간다. 최근 찾아갔더니 이제는 옆에 선 대나무에 의지해 간신히 생명을 잇고 있을 정도로 더 많이 늙었더란다.

그래서 주성철의 홍콩은 다른 여행자들이 느끼는 홍콩과 좀 다르다. 영화 속에서 빈민가로 묘사되는, 조금은 지저분하고 어지러운 고흐 스트리트는 양조위가 〈류망의생〉을 찍은 곳이라 특별하다. 이 길과 연결되는 미룬 스트리트는 장국영이 한 아이의 양아버지 역할을 맡아 생전 가장 나이 든 모습을 보여준 영화 〈유성어〉의 공간이라 남다르다. 장국영이 4년간 키운 아들을 떠나보내고 쓸쓸히 걸어 올라

오던 계단과 노천식당을 볼 때면 아직도 마음 한편이 아릿해진다. 두 배우가 영화를 찍던 시절 종종 밥을 먹었다는 '까우키 식당'은 주성철이 홍콩에 갈 때마다 즐겨 찾는 곳. 어느 날 그는 이 식당에서 우연히 한국인 관광객들과 마주쳤다가 "볼 것도 없고 지저분한 데 괜히 왔다"는 이야기를 들었다.

"저 사람들에겐 이 거리 곳곳에 쌓여 있는 장국영의 흔적이 보이지 않는구나 생각하니 씁쓸했어요. 저한테는 너무 소중한 장소였으니까 왜 이곳이 의미 있는지 이야기를 들려주고 싶었죠."

동행도 없이 홀로 홍콩을 떠돌았던 오랜 순례의 기록을 묶어내기로 결심한 이유다. 주성철은 2010년 자신이 만난 특별한 홍콩의 이야기를 담은 책『홍콩, 영화처럼 여행하기-홍콩에 두 번째 가게 된다면』(달)을 펴냈다. 〈천장지구〉에서 유덕화와 오천련이 결혼식을 올리는 성마가렛 성당, 〈열혈남아〉에서 유덕화와 장학우의 고향 마을로 등장하는 티우갱랭, 〈타이거맨〉에서 주윤발이 조카를 안고 걸어가던 샤로퉁 시골길 등 홍콩 구석구석에 숨어 있는 영화 속 공간들이 그의 이야기를 통해 말을 걸어온다.

"책을 정리하면서 많이 부족하다는 생각을 했어요. 아직 찾지 못한 곳이 많거든요. 특히 〈영웅본색2〉에서 장국영이 죽어가던 그 공중전화 부스는 늘 마음속에 있지요. 그가 마지막 힘을 모아 '송..호..연' 하고 딸의 이름을 지어준 뒤 쓰러지는 순간 '다다다당' 음악이 울리며 카메라가 뒤로 빠지잖아요. 그때 화면 안으로 주위 전경이 들어와요. 그런 전망을 보여주는 언덕이 홍콩에 많지는 않을 것 같은데, 아직 어디인지를 모르겠네요."

 밀크티와 에그타르트

주성철은 1980~90년대 대한민국을 사로잡았던 홍콩 영화 뿐 아니라 최근의 영화에 대해서도 많은 이야기를 했다. 그 속에 등장하는 수많은 장소도 찾아다녔다. 〈중경삼림〉에서 금발 머리를 한 임청하가 서양 남자를 유혹하던 완차이는 그가 특히 사랑하는 곳. 홍콩이 최초로 해외에 문호를 개방한 장소로, 식민지 시대의 흔적이 가장 많이 남아 있기 때문이다. 2008년 두기봉 감독은 이곳에서 홍콩의 사라져가는 것들을 담은 영화 〈참새〉를 촬영했다. 완차이 헤네시 로드에 있는 호놀룰루 차찬탱(가볍게 식사를 해결할 수 있는 작은 식당)은 장학우, 탕웨이 주연의 영화 〈크로싱 헤네시〉에서 두 사람이 만나 이야기를 나누는 곳이다. 간단한 음료, 면, 덮밥 등 없는 메뉴가 없지만, 특히 유명한 건 밀크티다. 그는 "장학우와 탕웨이가 늘 앉던 벽 쪽 자리에 앉아 혼자 밀크티를 홀짝거리면 현지인이 된 것 같은 착각이 든다"고 했다.

주성철을 처음 홍콩으로 이끌었던 〈영웅본색〉〈천장지구〉〈열혈남아〉와 최근 그의 마음을 흔든 〈참새〉〈크로싱 헤네시〉 사이에는, 배경이 홍콩이라는 것 외엔 공통점이 전혀 없어 보인다. 그럼에도 그는 이 모든 작품 속 공간을 찾아 거리를 누비고 있다. "장르도 스타일도 전혀 다른 이 영화들을 하나로 묶어주는, 그 아래 깔린 홍콩만의 감수성에 매혹됐기 때문"이다.

"도대체 왜 이렇게 홍콩 영화가 좋은 걸까 저도 가끔씩 생각해보곤 해요. 나를 설레게 하는 홍콩만의 특수성이란 게 과연 뭘까. 한국에 살면서 단지 영화를 볼 뿐인 제가 그 정체를 다 알 수는 없겠지만, 스스로 찾아낸 답은 '퓨전 컬처'입니다."

그는 홍콩의 역사에 대해 말했다. 중국의 공산화 이후 광대한 대륙 곳곳에 흩어져 살던 다양한 지역색의 사람들이 홍콩 땅 안에 모여들었다. 거기에 서구 문화까지 더해지면서 홍콩에는 세계 어느 곳에도 없지만 세계 어느 곳에서나 통하는 '뭔가'가 만들어졌다. 그것은 우리가 흔히 '키치'라고 말하는 것의 극단적인 형태다.

"누아르든 멜로든 무협이든 모든 '홍콩 영화'의 바탕에 깔린 건 이런 홍콩만의 정서인 것 같아요. 식민지 시대를 추억하는 감수성, 서구 문화와 중국 문화 어느 것도 100퍼센트 사랑할 수 없는 심리적 아슬아슬함 같은 것들. 홍콩 사람들이 가장 즐기는 간식인 밀크티와 에그타르트에도 이런 그들만의 정체성이 녹아 있죠."

20~30년 전 홍콩 영화의 전성기를 이끌던 배우들이 여전히 현역에 있는 것도 그가 '홍콩 영화'를 사랑할 수밖에 없게 하는 요소다. 한때 그의 우상이던 오우삼과 주윤발은 할리우드로 떠났지만, 유덕화는 50대가 된 지금도 여전히 홍콩에서 20대 시절처럼 사랑하고 고뇌하며 '청춘'을 산다.

"가끔씩 '언젠가는 유덕화가 누군가의 시아버지 역할을 하고, 양조위도 할아버지가 되겠지, 그걸 받아들일 수 있을까' 생각할 때가 있어요. 상상만으로도 가슴이 먹먹하죠. 그럴 때는 머리를 흔들어버립니다. 지금은 그들의 청춘이 여전히 그곳에 있는 걸 즐기려고 해요. 그것 역시 홍콩 영화가 가진 판타지니까요."

■ 언제나 그 자리에

죽는 순간까지 언제나 청년이었던, 단 한 번도 누군가의 생물학적 아버지 역할을 한 적 없는 장국영은 홍콩 영화 판타지의 정점이다. 그래서 그는 홍콩을 사랑하고, 장국영을 사랑한다. 요즘도 종종 장국영이 좋아하던 식당이나 마지막까지 살았던 집을 찾아가곤 한다. 장국영이 즐겨 찾던 딤섬집 〈예만방〉에서 그의 사인을 구경한 건 잊을 수 없는 기억이다. 그 가게는 인기 배우들이 방문하면 사인북에 사인을 받아 보관해두는 것으로 유명한 곳이다. 음식을 먹는 내내 장국영의 사인을 보여 달라고 할까 말까 고민하다 영업이 끝나는 시간인 밤 11시가 돼서야 조심스레 말을 건넸다. 주인은 뭘 그런 걸 가지고 고민했냐는 듯 사람 좋은 얼굴로 장국영의 사인이 담긴 앨범을 꺼내 보였다. 홍콩 영화 스타들이 적어놓은 수많은 사인 가운데 한 페이지, 오른쪽 한구석에 그의 사인이 있었다. 주인은 "아무것도 안 적혀 있는 새 종이를 펼치고 사인을 부탁했는데도 장국영이 이렇게 한쪽 구석에 했다"고 설명했다.

"글씨도 조그맣고, 싸인을 한 위치도 정말 구석이에요. 마치 다른 사람들이 다 사인을 한 뒤 빈자리를 찾아 한 것처럼. 그 글씨를 보고 있는데, 다른 사람과 함께 페이지를 나누고 싶은 장국영의 배려심이 보이는 것 같아 울컥했지요."

2003년 4월 장국영이 하늘을 향해 몸을 날린 만다린 오리엔탈 호텔에서도 그는 특별한 경험을 했다. 장국영이 좋아했다는 2층 카페 '클리퍼 라운지'의 창가에서 홍콩 배우 관지림을 만난 것이다. 관지림은 장국영과 여러 작품에 함께 출연했던 절친한 동료다. 그가 "장국영의 흔적을 찾아왔다"고 말하자 관지림은 "장국영은 당신이 앉은 그 의자에 종종 앉곤 했다"며 눈물을 비쳤다. 장국영이 앉았던 자리에 앉아 장국영의 친구와 대화를 나눈 그 시간은, 스스로가 영화 속으로 들어간 듯 특별한 순간이었다.

주성철은 지금 영화 전문지 『씨네21』 기자로 일한다. 많은 배우와 감독을 인터뷰했고, 영화 촬영 현장을 취재한 적도 있다. 그러나 지난 수년간의 홍콩 영화 촬영지 순례만큼은 휴가를 내 한 명의 '팬 보이'의 모습으로 돌아다녔다.

"따지고 보면 저는 아직 어린 시절 판타지 속에서 벗어나지 못한 미성숙한 인간인지 몰라요. 하지만 이렇게 영화 속을 걸을 때 늘 행복해요. 홍콩을 찾지 않는다면 어떻게 주윤발과 함께 하늘을 보고, 유덕화를 따라 비탈길을 달리고, 장국영과 더불어 차를 마실 수 있었겠어요."

그래서 그는 앞으로도 계속 홍콩을 찾을 생각이다. 그리고 갈 때마다 꼭 한두 군데씩 영화 속 공간을 발견할 게다.

'어른'이
되지 말 것

"따지고 보면 저는 아직 어린 시절 판타지에서 벗어나지 못한 미성숙한 인간인지 몰라요. 하지만 영화 속을 걸을 때 늘 행복해요."

주성철 기자의 얘기를 들으며 고개를 끄덕였다. 그는 정말 행복해 보였다.

주 기자는 1976년생이다. 그 무렵 태어난 이라면 기억할 게다. 주윤발처럼 성냥개비를 씹고, 유덕화같이 위 아래 '청카바'를 입은 채, 장국영의 '투유 초콜릿'을 녹여먹던 시절을. 주 기자도 그랬다. 〈정전자〉에서 늘 초콜릿을 먹으며 힘을 내는 주윤발을 보면서 군것질비의 대부분을 '투유 초콜릿' 사는 데 썼다. 보관용과 스크랩용으로 나눠 영화잡지 『로드쇼』와 『스크린』을 매달 2권씩 샀다. 홍콩 배우 사진은 모두 오려 모았다. 그의 꿈은 이 스타들을 직접 만나고, 홍콩 영화 속으로 저벅저벅 들어가 판타지의 공간을 유영하는 거였다. 아. 지금 딱 이 모습이다! 꿈을 이뤘다!

그는 말한다. 계속 같은 꿈을 꾼 것 외엔 한 게 없다고. 그 사이 많은 이들은 어른이 됐고, 하나둘 마음 속 판타지를 잃었다. 지폐를 태워 담뱃불 붙이는 사내에게 열광하는 건 30대 후반 남자 체면에 면구스런 일이다. 그러나 그는 여전히 '치고 박고 총질하는 영화'에 대한 애정을 공공연히 밝힌다. "제가 유치해요"라고 씨익 웃으며.

턱수염을 기른 그의 인상착의는 1990년대 홍콩 영화배우와 흡사하다. 그래서 그는 특별한 존재가 됐다. 일반인 중에서 뿐 아니라, 영화기자 세계에서도 그렇다.

사실 대한민국 영화기자 가운데 "홍콩 영화가 좋다"고 말하는 이가 얼마나 되겠나. 프랑스나 제 3세계 영화 같은, 일반인은 이해하지 못 하고 즐기 딱 좋은 영화를 즐겨볼 것 같지 않은가. 그들 사이에서 주성철은 독보적이다. 그는 우리나라에서 출시된 〈영웅본색〉 비디오 박스세트 속지의 영화 평론를 썼다. '모든 것은 영웅본색에서 시작되었다'고 말하는 이에게 무척이나 영광스런 일이었을 것이다.

『씨네 21』에 실리는 홍콩 영화 관련 기사도 대부분 그의 손끝에서 나온다. 성룡, 유덕화, 이연걸, 양조위, 양자경, 견자단, 오언조, 유청운, 여명, 탕웨이, 오우삼, 왕가위, 리안, 두기봉, 유위강, 관금붕, 허안화, 팡호청 등 수많은 홍콩 영화인을 만나 인터뷰했고 숱한 영화의 리뷰를 썼다. 그는 지금 우리나라에서 가장 저명한 홍콩 영화 전문가 중 한 명이다.

심지어 휴가 때마다 홀로 배낭 메고 홍콩을 누빈 기록인 『홍콩에 두 번째 가게 된다면』도 뜨거운 반응을 얻었다. 홍콩 영화에 대한 사랑을 추억의 일부로 미뤄놓았던 과거의 '홍콩 영화 마니아'들이, 이제 그의 여행기를 펴들고 그의 뒤를 따라 홍콩 거리를 누비고 있다. 판타지의 세계는 그렇게 현실의 삶으로 이어진다. 아, 그가 행복하지 않다면 누가 행복하겠는가.

어린 시절 한때 '판타지'를 쫓는 건 흔한 일이다. 그러나 수십 년 동안 '판타지'를 놓지 않는 건 결코 그렇지 않다. 철들어야 한다는, 나잇값 해야 한다는, '어른'이 돼야 한다는 강박 관념은 안팎에서 우리를 짓누른다. 그걸 흔들어 버리는 자리에, '행복한 어른'이라는 새로운 궤도가 있다.

신들린 사진가
장 국 현

"저를 만날라믄 일단 명심할 끼 있는데, 내 작업은 상상 밖의 세계에서 이뤄집니다. 그걸 상식선에서 이해하고 쓸라카먼 힘들끼에요. 이해 안 가는 부분이 있으믄 내한테 물어봐야지 혼자 판단할라믄 안 하는 기 나아요."

인터뷰 요청 전화를 걸었을 때 장국현(68) 씨는 이렇게 말했다. 억센 경상도 사투리가 귓전을 때렸다. '상상 밖의 세계'를 말하는 목소리는 그에 대한 상상의 범위에서도 벗어나 있었다.

장국현은 무엇을 찍었느냐보다 어떻게 찍었느냐가, 완성된 작품보다는 그것을 만들어낸 과정이 더 관심을 끄는 사진작가다. '소나무에 미쳤다'는 소리를 듣는 이 사내는 효율을 최우선으로 여기는 현대사회와 어울리지 않는 방식으로, 더디지만 우직하게 자신의 작품을 만들고 있다.

"1년에 절반은 산속에서 지내는 사람입니다. 한번 사진 찍으러 들어가면 한 달도 살고, 두 달도 살지요. 그동안 거의 굶다시피 하면서 사진만 찍어요. 막 내려왔을 때 보면 눈빛만 형형한 게 산짐승 같습니다. 사진작가 하면 떠오르는 세련되고 현대적인 이미지를 기대하면 깜짝 놀랄 거예요."

장 씨의 지인이 들려준 얘기다. 그는 이 남자를 '기행적인 도인'이라고 불렀다.

'장국현'이라는 이름은 좀 낯설지 모른다. 하지만 그를 알지 못하는 사람도 언젠가 한 번쯤은 그의 사진을 봤을 게다. 청명한 하늘 가운데 멈춰 선 순백색 구름, 그 아래 펼쳐진 웅장한 산줄기와 눈부시게 빛나는 쪽빛 호수. 백두산 천지(天池)를 떠올리면 자연스레 그려지는 이 영상의 기원은 대개 장 씨의 사진이다. 그는 한국과 중국이 수교하기 전인 1989년부터 매년 한두 달씩 백두산에 머물며 천지 사진을 찍어왔다. 책이나 TV에서 천인단애 끝에 아슬아슬하게 뻗어 있는 소나무 사진을 봤다면, 그 역시 장 씨의 작품일 가능성이 높다. 그는 지난 10여 년간 전국 각지를 돌며 심산유곡(深山幽谷) 이름 없는 소나무를 카메라에 담아왔다.

장 씨는 우리나라를 대표하는 자연 사진가 중 한 명이다. 국회의사당, 통일부, 산림청, 서울지방경찰청 등 수많은 관공서 벽에 그의 작품이 걸려 있다. 그럼에도 장 씨의 이름이 그리 널리 알려지지 않은 건, 왠지 퉁명스레 느껴지는 투박하고 뻣뻣한 성정 때문인지도 모른다고, 그와의 통화를 마치고 생각했다.

투박한 사진가

　누구나 사랑할 만한 사진을 아무도 상상하지 못할 방식으로 찍는 작가, '산짐승 같은' 예술가. 그는 인터뷰 약속을 잡은 날 무성한 수염을 단정하게 다듬고 중절모를 쓴 채 경북 청도역 앞에 나와 있었다. 그곳에서부터 차로 5분여 거리에 있는 집까지 기자를 안내하기 위해서다. 굽이굽이 시골길을 지나자 막 꽃을 피운 매화와 지난 가을의 결실이 아직 그대로 달려 있는 모과나무, 근사한 수형의 노송 서너 그루가 둘레를 감싼 새하얀 집이 나타났다. 야트막한 언덕배기에서 감나무 밭을 내려다볼 수 있게 지어진 그의 자택이다. 처마 끝엔 풍경을 매달아 바람이 불 때마다 투명한 소리가 울렸다. 햇빛이 쏟아져 들어오는 거실에 들어서자 정면으로 설악산 울산바위 밑 금강송 군락을 찍은 사진이 한눈에 들어왔다. 벽면 절반을 차지할 만큼 거대한 바위와 소나무의 기상이 불끈하다. 물론 직접 촬영한 작품이다.

　"2007년 겨울에 찍은 깁니다. 원래는 설경 찍으러 산에 들어갔는데 아무리 기다려도 눈이 안 오는 깁니다. 뉴스에서는 날마다 '내일은 온다' '대설주의보 내린다' 카고, 당최 눈은 볼 수가 없어요. 왔다갔다 등산만 하다가 문득 울산바위 쪽에 가고 싶은 마음이 생겼지요. 그 아래 어마어마하게 큰 바위에 그냥 막 오르고 싶은 기라. 일행 도움 받아 힘겹게 올라보니 그 밑에 저 소나무 숲이 있었어요."

　울산바위의 정기를 받고 자란 금강송 숲은 맑고 깨끗했다. '아, 이 소나무를 보게 하려고 그렇게 오래 눈이 오지 않았구나' 무릎을 쳤다. 이 사진은 그해 2월, 다시 같은 장소를 찾아가 얻은 것이다.

"이기 내 작업하는 스타일입니다. 마음이 시키는 대로 하는 기라. 좋은 나무 찾으면 몇 번이고 찾아가서 그 옆에 텐트 치고 일주일 열흘씩 사진 찍고 얘기도 합니다. 그러다보믄 진짜 기막힌 사진이 딱 나오지요. 내 말 이해하겠습니까."

그는 인터뷰 도중 여러 차례 이렇게 되물었다. 이왕 만나기로 한 이상, 상대가 자신의 작업을 100퍼센트 이해할 수 있을 때까지 설명해주기로 마음먹은 모양이었다.

"부처님 말씀 중에 '진공묘유(眞空妙有)'라는 게 있습니다. 마음이 참으로 비워지면 묘한 작용이 드러난다 카는 거지요. 이때 묘한 작용이라는 게 예술가한테는 영감(靈感)인기라. 말로는 설명할 수 없는 4차원 세계에서 일어나는 일이지요. 잡스러운 생각을 비우고, 좋은 사진을 찍겠다는 일념(一念)으로 마음을 모으면 문득 어떤 생각이 떠오른다 이깁니다. 그걸 따라가기만 하믄 사진이 나와요. 예수님도 '마음이 가난한 자는 복이 있나니 천국이 저의 것이라' 했잖아요. 똑같은 얘깁니다. 잡념 버리고 마음을 비워라. 그러고 나서 하고 싶은 대로 하면 다 된다 이기지요."

■ 그렇게 좋을 수가 없는 기라

그는 1989년 백두산에 올랐다가 처음 영감의 세계를 접했다. 22년이 흘렀지만, 지금도 어제 일인 양 또렷이 떠올릴 수 있다. 대구에서 약사로 일하며 한창 사진의 재미에 빠져 있던 시절이다. 동호인 몇 명과 천지 사진을 찍으러 나선 참인데 안개가 자욱해 한 치 앞도 보이지 않았다. 홍콩을 거쳐 어렵게 온 길이 헛걸음 될까 싶어 하늘에 대고 기도를 했다. '제발 천지 좀 보여주십시오' 한마음이었다.

"돌아보면 그게 바로 일념이었던 기라. 그게 얼마나 놀라운 건지. 산속을 몇 시간을 걸어도 계속 안개밭이었는데, 정상에 올라 내가 천지에 손을 딱 담그니까 하늘이 확 열리는 기 아닙니까."

거짓말 같은 변화였다. 그의 오른쪽에 있던 미륵불상이 모습을 드러내더니, 왼편 천문봉 너머로 구름이 휘감겨 올라가는 풍경이 보였다. 그리고 천지, 그 푸른 물이 눈앞에 있었다. 장 씨는 자신도 모르는 새 백두산에서 가장 아름다운 풍경 한가운데 서 있었던 것이다. 살면서 한 번도 느낀 적 없는 강렬한 열망이 온몸을 타고 지나갔다. 이 순간을, 극치의 아름다움을 영원으로 남기고 싶다는 마음이었다.

"거기 선 자리에서 꼼짝도 않고 사진만 찍었습니다. 그러다 해가 져서 정신을 차리니 8시간이 지났다 카대요. 그 사이 안개가 끼었다 사라지고, 구름이 뭉쳤다 걷혔다 했지요. 한 장면이라도 놓칠까 싶어 숨도 크게 못 쉬었습니다."

숙소에 돌아와선 밤새 울었다. 이유를 알 수 없지만, 눈물이 쏟아지는 게 그렇게 좋을 수가 없었다. '지금 여기서 죽어버리면 얼마나 행복할까' 싶었다. 이 여행 이후 오래지 않아 그는 약국 문을 닫았다. 스스로는 전문 사진작가, 남들 눈에는 천지에 미치고 산 사진에 미친 사람이 된 것이다.

영감과 몰입

"그때 이후로 묘한 현상이 나타났어요. 아침에 해 뜨는 걸 보고 있으면 갑자기 눈물이 쏟아지는 겁니다. 백두산 천지가 생각나고 몸에서 뜨끈뜨끈 열이 나요. 내 피가 뜨거운 걸, 그게 온몸을 타고 돌아다니는 걸 생생히 느낄 수가 있었습니다. 그때 우리 집 둘째 놈이 고3이었는데, 차 태워서 학교 데려다주다 해 뜨는 거 보고 울어버린 게 여러 번입니다. 그러니 그놈이 나 보고 뭐라 했겠습니까. 아버지 이상하다 하지 않았겠어요."

장 씨가 사진에 입문한 건 1970년 무렵. 대구지역 일간지인 매일신문 사진부장을 스승 삼아 취미로 시작했다. 이듬해 바로 전국사진촬영대회에서 최고상을 받고 1980년과 81년, 홍콩사진작가협회가 주최한 국제콘테스트에서 연달아 최고상을 받을 만큼 소질이 있었다. 하지만 그저 취미일 뿐이었다. 일하다 틈나면 인물이나 생활사진을 찍으러 돌아다니곤 했다. 백두산에 오르기 전까지, 그는 단 한 번도 자신 안에 이만큼의 열정과 광기가 있을 거라고 상상한 적이 없다. 평범한 약사였다. 그에게서 완전히 새로운 모습이 나타났을 때 가족들은 놀라고 주위 사람들도 당황했다. 오직 그만 행복했다.

"그때부터 17년간 한 해도 거르지 않고 백두산에 갔어요. 짧게는 20일, 길게는 2개월씩 먹고 자고 하면서 사진을 찍었지요."

한국에 돌아오면 한라산, 지리산, 덕유산을 찾았다. 20킬로그램이 넘는 린호프 테크니카 카메라와 트라이포드(삼각대), 후지 퀵로드 벨비아 필름 수십 통을 배낭 가득 짊어진 채였다. 한번 산에 들어가면 필름이 떨어지기 전에는 결코 내려오지 않았다.

"저는 한 번도 디카를 쓴 적이 없어요. 인물 사진은 몰라도, 풍경 사진은 질감이나 표현력 면에서 확실히 떨어집니다. 무겁고 불편해도 정식으로 해야 깊은 사진이 나옵니다."

그가 안방 장롱을 열어 카메라를 꺼내 보였다. 육중한 직사각형 몸체는 손으로 렌즈를 돌리고, 주름상자를 펼치거나 오므려 초점을 맞추게 돼 있다. 험한 촬영을 따라다니느라 그 사이 두 대가 고장 나고 이것이 세 번째라고 했다. 이 카메라를 들고 심산유곡을 헤매기 위해 그는 다른 짐을 줄였다. 하루 세 끼 식사는 청국장가루와 호두가루, 송홧가루를 물에 타서 홀홀 마시는 걸로 대신한다. 깊은 산중에서는 마실 물을 아끼느라 씻지도 않았다. '산짐승' 얘기가 나올 수밖에 없다. 적지 않은 나이에, 체력적으로 힘들지는 않았을까.

"그건 3차원 세계의 생각이에요. 나는 하나도 힘들지가 않거든. 두 달 못 씻고 못 먹고 다녀도 날마다 천국에서 노는 기랑 한가집니다. 우리 집사람은 그걸 이해를 못 했지. 늘 '당신 사진 찍는 건 좋은데 다른 사람처럼 적당히 하면 안 되나' 안달을 했어요. 나는 거지같이 해가지고 사진 찍고 사는 게 여기서 온갖 보물 갖고 품고 있는 것보다 더 좋다 캐도 그걸 끝내 못 알아듣고……. 그래서 지금 저승 가뿌렸다 아닙니까. 12년 전에 죽었어요."

위암이었다. 그가 사진에 미치기 전에는 언제 어디든 함께 다닐 정도로 금슬 좋던 아내를 장 씨는 요즘도 가끔 생각한다. 영감이 떠오르면 불쑥 산에 들어가버리고, 그렇게 한번 집을 떠나면 몇 달씩 연락도 없는 자신 때문에 무척이나 속을 썩였을 거라고 했다. 하지만 다시 아내가 살아 돌아온다 해도 어쩔 도리가 없다. 산을 찍을 때는 산 외에 모든 생각을 버려야 하기 때문이다. 일념을 이뤄야 영감을 얻을 수 있다는 게 그의 확고한 믿음이다.

■ 결정적 순간

"우리 예술 하는 사람이 평생 명심해야 하는 기 하나 있습니다. 추사 김정희 선생이 하신 말씀인데 '예술은 아흔아홉까지는 인간의 힘으로 할 수 있지만 하나가 보태져야 완성된다. 그 하나는 인간의 한계를 벗어나는 데 있다' 이기지요. 그 하나가 바로 영감이고 하늘의 은총입니다."

그는 이것을 얻기 위해 하루 중 가장 기운이 맑은 오전 2~3시, 별과 달을 우러러보며 기도를 한다. 사방에 정성껏 세 번씩 절을 하고 산아합일(山我合一)의 무아경(無我境)에 들었을 때 오는 느낌을 따른다. 한번은 가을비가 억수같이 쏟아지는데 단풍이 찍고 싶었다. 그 마음을 따라 원하는 장소에 서고 트라이포드를 펼치자 이내 거짓말처럼 날씨가 갰다. 비에 흠뻑 젖은 단풍이 햇살을 받으니 그 어느 때보다 해맑았다. 기막힌 사진이 나왔다. 거의 신기(神氣)의 경지다.

"어떻게 표현하든 상관없습니다. 중요한 건 실제로 그렇게 된다는 기지요. 한낱 메뚜기도 내일 태풍이 불지 안 불지 아는데 인간이 왜 모르겠습니까. 영감을 받아들일 줄 몰라 놓칠 뿐인기라. 처음 몇 번 이런 일이 있을 때는 저도 기적인 줄 알았습니다. 하지만 점점 이것이 자연의 원리이고 예술의 원리라는 걸 알기 됐지요. 기도를 계속 하믄 어이 되는지 압니까. 내 마음속에 어떤 풍경이 떠오르면, 그 장소에 미친 듯이 가고 싶어져요. 그리고 그곳으로 달려가면 내가 생각한 장면이 그대로 나타나는 기지요. 처음엔 아니어도 계속 사진 찍으면서 생각을 모으면 결국 그대로 된다 이 말입니다. 그래서 자연 사진은 사람이 찍는 기 아니에요. 누군가 결정적인 순간을 허락해줘야만 가능한 기지요."

바로 그 순간을 카메라에 담기 위해 그는 인간의 도리를 다한다. 자연이 허락할 때까지 심신을 다해 매달리고 기다린다. 어느 해 겨울 한라산의 독특한 설경 사진을 찍을 수 있을 거라는 영감이 왔을 때는 만사 제치고 제주도로 달려갔다. 열흘간 내린 폭설로 한라산 입산이 통제된 상태였지만 그는 산에 올라야 했다. 이른 아침 눈보라를 뚫고 흔적 없는 등산로를 헤집으며 걸었다. 온종일 사투를 벌인 끝에 저녁 무렵이 돼서야 해발 1,750미터 윗세오름 대피소에 도착했다.

"내가 무거운 장비 이고 지고 눈사람이 돼 딱 나타나니 거기 직원이 기겁을 해요. 그래도 어쩌나, 그 밤에 도로 내려가라 할 수도 없고. 오죽했으면 여기까지 올라왔겠느냐고 어르고 사정해 하루를 묵을 수 있었지요. 그런데 다음날 아침, 열하루 만에 눈이 그친 깁니다."

아무도 밟을 수 없는 환상적인 눈세계에서 그는 홀로 자유로웠다. 필름이 떨어질 때까지 5일간 미친 듯이 사진을 찍었다. 장 씨가 보여준 작품 속에서 한라산 나무들은 켜켜이 쌓인 눈에 덮여 흡사 거대한 설인(雪人)처럼 보인다. 드넓게 펼쳐진 눈밭은 아침 햇살을 받아 사막의 모래 빛으로 반짝인다. 숨 막히는 풍경이다. 그는 이런 작업을 하며 인간의 한계에 부딪힌 적이 단 한 번도 없다고 했다.

"공(空)의 세계에 들어가면 걸림이 없어집니다. 자유자재지요. 좋은 작품을 얻겠다는 욕심마저 버리면 신들린 것 같이 모든 게 저절로 되는 때가 와요. 어려울 게 없습니다."

마음을 모으고 기도를 올리는 건 좋은 사진을 찍기 위한 게 아닐까. 그는 "시작은 그렇다 해도, 나중엔 그 단계를 넘어서야한다"고 했다.

"내가 사실 그런 기도를 한 10년 했어요. 마음을 모아 간절히 원하기만 하면 구름이 걷히고 장대비도 멎는데 솔직히 얼마나 좋습니까. 그런데 어느 날 한라산에 가만히 앉아 있다 생각해보니 이거 내가 그동안 잘못한 기라. 내 마음속 그림이라는 기 자연에 비하면 얼마나 보잘것없는 기예요. 그걸 따라가는 건 말이 안 되잖아요. 하늘에 맡겨야 한다, 예술이든 내 사는 거든 다 비워야 한다……. 그 마음 갖고부터는 사진 찍어오면 늘 내가 생각한 거보다 더 좋은 작품이 나와요. 하늘이 도와주고, 저절로 되는 기지."

그 무렵부터 그는 산 대신 나무를 찍기 시작했다. 그중에서도 소나무. 산 사진을 찍으러 다닐 때마다 늘 그의 눈을 끌던 신목(神木)들이 촬영 대상이 됐다.

"나무가 자꾸 사라지는 기라. 1년의 절반을 산속에서 지내는데, 곳곳에서 소나무가 다 죽어가요. 재선충이라고, 소나무 에이즈 때문이라고 하데요. 이기 치료약이 없어요. 전염 속도는 엄청 빠르고. 일본에서는 이미 소나무가 전멸했다네. 이러다가 우리 소나무가 다 없어지겠구나, 그전에 이 좋은 나무들을 어떻게든 기록으로 남겨야겠다 그런 마음이 든 기지요."

2000년 무렵부터 전국을 돌며 소나무를 카메라에 담기 시작했다. 널리 알려진 천연기념물에서 매력을 느낀 적은 별로 없었다. 마을 한가운데, 도심 한복판에서 수많은 이의 눈길과 손길을 탄 나무보다 영기가 뿜어져 나오는 신송이 그를 잡아끌었다. 벼랑 끝 바위 틈새에 억척스레 뿌리내린 노거송(老巨松)을 보면 가슴이 먹먹했다. 이런 나무를 찾으려면 험준한 산, 깎아지른 암벽을 뒷산처럼 오르내려야 한다. 찍는 과정은 더 어렵다. 바위 옆으로 물 흐르듯 누운 소나무를 찍으려면 천길 단애에 로프를 걸고, 온몸으로 중심을 잡아야 한다.

"산 사진과 나무 사진 다 기본은 한 가지라. 영감을 따라가고, 미쳐서 찍으면 되는 기지. 특히 나무는 영감이 더 중요합디다. 어디 뭐가 있는지 알 길이 없잖아요. 그런데 어느 날 갑자기 어디로 가고 싶어 찾아가면, 딱 눈앞에 기막힌 소나무가 있어요. 내 마음속 그림까지 지운 덕을 소나무 찍으면서 톡톡히 보고 있는 기지."

경북 울진 소광리의 '대왕송'도 이렇게 만났다. 소광리는 조선왕실이 관리하던 금강송 군락지가 있는 곳. 태백산맥의 정기를 받은 소나무 숲은 세계 어느 곳에 견줘도 뒤지지 않을 만큼 웅장하다. 대왕송은 그중에서도 가장 기상이 승한 나무다. 천길 암벽에 뿌리를 뻗어 동쪽으로는 울진 앞바다를 내려다보고, 서쪽으로는 태백산맥의 정기를 받으며 천년을 살아왔다. 동쪽에서 밀려오는 강풍과 눈보라를 견

디느라 키는 9미터밖에 안 되지만 둘레는 성인 남자 세 명이 둘러서야 감쌀 수 있을 만큼 굵다.

■ 노송(老松), 고송(古松), 신송(神松)

장 씨에 따르면 소나무는 늙으면 노송(老松)이 되고, 더 세월이 흐르면 고송(古松)이 되며, 그 단계를 넘어서면 신송(神松)이 된다. 대왕송은 분명 신송이다. 신령한 기운을 품은 나무를 함부로 대하면 큰일이 난다. 그는 이런 나무를 촬영할 때면 늘 그 앞에서 제(祭)부터 올린다고 했다. 사과 한 알, 포도 한 송이, 마른 명태 한 마리일지언정 정성을 다해 올리고 큰절을 한다. 그러고는 나무가 제 모습을 열어줄 때까지 기다린다.

"그란께 제대로 찍을라면 텐트 안 치고는 못 하는 기라. 절벽 길 거슬러 간신히 올라가놓고 빛이 안 좋다고 도로 내려올 수 있나. 길게는 일주일, 짧게는 4~5일 버티면서 타이밍을 잡아서 찍어야 되지."

그는 사진을 찍을 때 흔한 조명장치 하나 쓰지 않는다. 복잡한 후처리 작업도 없다. 자연이 보여주는 궁극의 아름다움을 그 모습 그대로 담으려 하기 때문이다. 그래서 수십 번 찾아가야 비로소 만들어지는 작품이 있다. 대왕송 풍광의 극치도 2008년 비로소 카메라에 담았다. 10년 만의 폭설로 눈이 허리까지 차 있을 때다. 무조건 나무로 가야 한다는 영감이 왔다. 전문 산꾼, 동료 사진가들과 교대로 길을 내며 걸었다. 20년 등산에 단련됐는데도 100미터를 나아가는 데 1시간씩 걸리는 고된 산행이었다. 그러나 마침내 마주한 대왕송 앞에서 그는 모든 고생이 잊히는 황홀경을 맛봤다. 진정한 독야청청이었다. 수많은 나무가 눈 무게를 이기지 못하고 뿌리째 뽑히거나 부러진 사이에서 이 나무만 그 모습 그대로 서 있었던 것이다. 적송 특유의 핏빛 줄기가 흰 눈과 조화를 이룬 광경에 탄성이 절로 나왔다. 어떤 화려한 사진 기술로도 만들 수 없는, 깊숙하고 진실한 자연의 모습이었다.

"그런 순간이 오면 또 미쳐뿔고 말지요. 소나무는 신기해서, 촬영하면 할수록 나무의 신령스러운 기운이 전해오면서 오히려 힘이 샘솟는 기라. 온몸이 뜨거워지고 열기가 솟는 깁니다. 가끔은 막 주체가 안 되지요. 나는 소나무 찍으러 다니면서 까만 머리가 다시 났습니다. 회춘이에요."

그의 작업은 확실히 '상상 밖의 세계'에 있다. 그리고 효율을 최우선으로 여기는 현대사회의 원칙에서도 벗어난다. 지극히 비이성적이고 비효율적인 방식으로 그는 자신만의 작품세계를 열고 있는 셈이다. 그 안에서는 신비로운 솔향과 더불어 인간의 진한 땀 냄새가 난다.

장 씨는 2005년부터 아예 소광리에 거처를 마련하고 여름·겨울마다 몇 개월씩 집중적으로 소나무를 찍고 있다. 현재 사는 곳은 오두막 수준이지만, 곧 집을 지어 옮길 생각이다. 찍으면 찍을수록 소광리 금강송의 매력에 빠져들기 때문이다. 아직 사람의 발길이 닿지 않은 솔숲 깊숙한 곳에는 키가 30미터에 이르고 굵기도 세 아름, 네 아름이 되는 '살아 있는 국보'가 많다. 그 나무들을 제대로, 웅대한 기상과 그윽한 향기까지 카메라에 담아내는 게 그의 꿈이다.

우리 소나무 사진전

"울진군이 2009년 소광리 금강송 군락을 유네스코 세계자연유산에 지정되도록 하겠다고 발표합디다. 그걸 돕고 싶어요. 학자들 말이 우리 소나무가 세계에서 으뜸 간다 안 합니까. 그중에서도 소광리 금강송이 제일인기라. 그런데 산세가 험해서 보통 사람은 좋은 소나무가 어디 있다 캐도 찾아가 볼 수가 없어요. 대왕송도 나 말고는 본 사람이 거의 없지요. 그 기상을 제대로 알릴라믄 사진으로 담는 수밖에 없는 기에요."

그는 좋은 사진을 많이 찍어서 미국 뉴욕 유엔본부에서 전시하고 싶다고 했다. 일본 도쿄와 중국 상하이에도 소개하고 싶단다. 소나무를 좋아한다면서 정작 최고의 아름다움은 못 본 이들에게 한국 금강송이 얼마나 멋있는지 보여주고 싶은 마음에서다.

"그기 사진 찍으면서 내내 자연한테 덕 받은 내가 할 일 아닌가 해요. 자꾸 전시회가 하고 싶은 걸 보면, 아마 머지않아 자연히 그리 될라카는 모양입니다."

인터뷰 말미, 그의 모습을 카메라에 담기 위해 함께 뜰로 나왔다. 트라이포드를 설치하고, 묵직한 린호프 테크니카를 얹고, 조리개를 만지며 가늘게 뜬 눈으로 초점을 맞추는 그는 투박하지만 단단해 보였다. 그 뻣뻣함이 편안함에 눈 돌리지 않고 수십년간 산길을 헤매게 만든 '일념'의 다른 모습인 걸 그때 알았다.

일념(一念)을
지킬 것

인터뷰를 마치고 얼마 뒤 장국현 씨가 전화를 걸어왔다. 조만간 외국에서 한국 소나무 사진전을 열게 될 것 같다는 마음속으로 생각만 했을 뿐 나서서 노력한 게 없는데 절로 그리 됐다고 했다.

"내가 영감으로 움직이면 다 된다 캤죠. 이 보세요. 정말 그렇지 않습니까."

그의 목소리는 들떠 있었다.

장 씨의 '일념'을 안 믿은 건 아니다. 하지만 이후 장 씨의 행보를 보며 '진심을 다하는 것의 힘'을 확신하게 됐다. 그의 사진전은 계속 이어지고 있다. 2011년 5월 서울 조선일보 미술관에서 열린 울진 소광리 금강송 사진전에는 최대 3미터에 이르는 초대형 작품 35점이 전시됐다. 때로는 호랑이 같고 때로는 용 같은, 넘치는 기운과 신령스러움으로 보는 이를 압도하는 우리 소나무 사진들이 관람객을 만났다.

　장 씨의 작품을 통해 처음 울진 금강송을 보게 된 이들은 아마, 경북 칭송 그의 사택에서 벽에 걸린 소나무 사진과 맞닥뜨렸을 때 기자가 느낀 바로 그 감정을 느꼈을 게다. 처음엔 '이것이 바로 소나무구나'하는 신선한 충격이 온다. 그리고 이어 '이 소나무들이 죽어가는 걸 어떻게든 막아야겠구나' 하는 다짐이 생긴다.

　그의 사진전은 2011년 9월 울진, 10월 대구에서도 열린다. 2012년에는 유네스코 본부가 있는 프랑스 파리 전시도 예정돼 있다. 목적은 오직 하나. 울진 금강송 군락지를 세계자연유산에 등록시켜 후대까지 보존되도록 하는 것이다. 장씨는 "이것이 내 인생 마지막 업(業)이라고 생각한다"고 했다.

　장 씨의 산 사진과 소나무 사진은 전시회에서 놀랍게 팔려나가고 있다. 사진작품 거래가 드문 우리 미술계에서는 놀라운 일이다. 이것이 자신의 '일념'을 방해하지 않도록 하기 위해, 그는 전시회를 열고나면 꼭 수익금의 상당액을 불우이웃 돕기 성금으로 기탁한다. '내 한 일 없이 얻은 것'을 사회에 되돌리는 행위다.

　"산이 좋고 나무가 좋아 다닌다는 그 일념을 놓치면 영감이고 뭐가 없어지는 깁니다. 그럼 더는 사진 못 찍는데 어떻게 돈 욕심을 냅니까."

　장 씨의 관심은 온통 '일념'을 유지하는 것에 쏠려 있다. 자신을 비우고 자연에 순응하기 위해, '모든 것이 자유로워지는' 그 신비의 세계 안에 들어서기 위해 그는 무거운 카메라를 들고, 수십일씩 야영을 하며, 마침내 정갈하게 소나무 앞에 선다.

일반적인 눈으로 볼 때 장 씨는 분명 '기행적인 도인'이다. 하지만 그는 세상 누구보다도 행복하다. 자신의 삶을 다해 '일념'을 지켜가는 이에게 자연은 모든 것을 저절로 이루어지는 '공(空)의 세계'를 보여준다. 장 씨가 열어젖힌 새로운 궤도다.

나무에 미친 사학자

강 판 권

계명대 교수

그에게 세상 만물은 '나무'로 환원된다. 길을 걷거나 책을 읽을 때, 밥 먹고 강의하는 순간에조차 나무와 함께 있다. 잠자리에 들면 나무 꿈을 꾼다. 그는 말한다. "어떻게 나무를 사랑하지 않을 수 있죠? 우리를 둘러싸고 있는 모든 게 다 나무인데요." 나무만 보고, 나무만 생각하며 살아온 지 10여 년, 여전히 나무에 미쳐 있는 이 남자는 강판권(50) 계명대 사학과 교수다.

그는 세상 사람을 '나무를 세어본 이'와 그렇지 않은 이로 구분한다. 나무를 센다는 게 무슨 뜻일까. 단어를 곱씹으며 생각해본다. 한 그루, 두 그루…… 이렇게 나무의 개수를 헤아리는 것? 그렇다. 강 교수는 이 분류에서 당연히 전자에 속한다. 지난 2000년, 그는 계명대 캠퍼스 163만 9000여 제곱미터(약 50만 평) 안에 있는 나무를 모두 세었다. 그러고도 모자라 집 근처 공원에 있는 나무까지 빠짐없이 헤아렸다. 지금도 그의 머릿속에는 한 그루 두 그루 세어나갔던 나무의 이름과 모양, 한아름 품에 안기던 촉감과 바람에 흔들리던 이파리의 떨림이 생생히 남아 있다.

"사람들은 제가 그 많은 나무를 정말 다 세었을 거라고는 믿지 않아요. 그때 만든 자료를 보여주고, 캠퍼스 어디에 무슨 나무가 있는지 말해주면 그제야 혀를 내두르지요. 그러고는 하나같이 나무가 도대체 몇 그루냐고 묻습니다. 저는 '한 그루도 없다'고 대답하지요."

강 교수는 중국 청대사(淸代史)를 전공한 사학자다. 동시에 '나무병 환자'이기도 하다. 하루 종일 나무를 생각하고, 나무를 공부하며, 나무에 대한 글을 쓴다. 그가 "캠퍼스에 나무가 한 그루도 없다"고 하는 이유는, 나무를 센 뒤 모두 자신의 마음속에 옮겨 심었기 때문이다.

그의 나무 사랑은 일반인의 예상을 뛰어넘는다. 강의를 듣는 학생들에게 "캠퍼스 안의 은행나무를 세어오라"는 숙제를 낸 적도 있다. 사학과 수업에서 웬 나무냐며 당황하는 이들에게 "나무를 세고나면 이유를 알게 될 것이고, 알고나면 천지가 개벽할 것"이라고 했다.

■ 절문이근사 (切問而近思)

"리포트 제출 시기가 다가오자 학생들이 어쩔 줄 몰라 하는 게 느껴지더군요. 귀찮고 쓸모없는 일 같아 하기 싫은데, 그렇다고 학점을 포기할 수는 없으니까요. 막판까지 버티다 허겁지겁 만들어 온 보고서를 보니 세어 온 나무 개수가 다 달랐어요."

나무 세는 방법이 잘못됐기 때문이었다. 강 교수에 따르면 나무는 자신을 온전히 이해하려 하지 않고 그저 눈으로만 세는 이에게 제 모습을 다 보여주지 않는다.

"멀찍이 떨어져 숲을 보세요. 이 나무가 저 나무 같고, 저 나무가 이 나무 같지요. 그렇게 수를 세려니 헛갈릴 수밖에요. 그럴 때는 나무 가까이로 한 걸음 더 다가가야 합니다. 껍질을 만지고 향기를 맡는 거예요. 그러면 내 눈 앞의 나무와 그 옆의 나무가 완전히 다르다는 걸, 세상 모든 나무는 각각 오직 하나뿐인 존재라는 걸 깨닫게 돼요."

그는 그렇게 나무를 셌다. 줄지어 선 메타세쿼이아 나무도 한 그루 한 그루 새로운 눈으로 바라봤다. 진지한 손길로 쓰다듬고, 가지 모양과 잎새를 살폈다. 그 순간 메타세쿼이아 숲이 사라지면서, 각각의 나무가 서로 다른 얼굴을 한 채 그에게 왔다. 강 교수가 캠퍼스 안에 있는 나무를 다 세는 데 걸린 시간은 1년. 그 덕분에 그는 모든 나무를 온전히 마음속에 옮겨 심을 수 있었다. 강 교수는 "나무를 세면 생명을 사랑하게 되고 세상 모든 존재를 존중하는 눈이 뜨인다"고 했다.

"인간은 숲에서 태어났지요. 그러나 인간의 역사는 바로 그 숲을 사라지게 하는 과정이었어요. 숲의 소멸은 지금 인류 문명에 큰 위기를 가져오고 있고요. 나무를 보고 그 생명력에 감탄하다보면, 자연히 인간과 역사와 철학에 대해 고민하게 됩니다."

그는 이런 방식이 우리 선조들의 오랜 공부법이라고 했다. '대학'에 나오는 '격물치지(格物致知)', 즉 '객관적으로 존재하는 물(物)을 통해 이치를 깨닫는' 방법이라는 뜻이다. 이치를 깨닫기 위해 어떤 '물'을 선택할 것인지에 대한 내용은 『논어』자장편에서 찾을 수 있다. '배우길 널리 하고 뜻을 독실히 하며 절실하게 묻고 가까이 생각하면 그 안에 인(仁)이 있다(博學而篤志 切問而近思 仁在其中矣)'는 구절이 그것이다.

"이 문장에서 가장 중요한 부분은 '가까이 생각한다'는 뜻의 '근사(近思)'예요. 성리학자들은 이것을 학문의 기본으로 삼았지요. 송나라 주희와 여조겸이 편찬한 '근사록'은 당시 선비들의 애독서였고요."

그는 이런 성리학의 공부 방식을 되살리고 싶다고 말한다. 학생들에게 나무를 세라고 한 건, 학교를 오가며 수없이 마주치는 나무야말로 '가까이 생각하기에' 좋은 대상이라고 여겼기 때문이다. 강 교수 자신도 나무를 가까이 생각하고(近思) 나무에 대해 절실하게 물으며(切問) 학문을 세웠다. 그가 「청대 안휘성 휘주부의 숲과 생태환경 변화」같은 논문을 쓰고, 『공자가 사랑한 나무, 장자가 사랑한 나무』 『중국을 낳은 뽕나무』등의 책을 펴낸 것만 봐도 알 수 있다.

■ 소나무 숲에서 울다

강 교수가 처음부터 나무를 통해 역사를 공부했던 건 아니다. 계명대 사학과와 동대학원을 졸업하고, 경북대 대학원에서 중국 청대 농업사로 박사학위를 받을 때까지, 그는 나무에는 아무 관심 없는 평범한 사학자였다. 강 교수는 "솔직히 말하면 평범한 축에도 못 드는, 못난 학자였다"고 했다.

"공부에 별 관심이 없었어요. 촌에서 종합고등학교를 나온 뒤, 재수 끝에 간신히 계명대에 들어갔지요. 졸업하고 원래는 취직을 하려 했는데 원서를 넣는 곳마다 떨어졌어요. 1년을 허송세월한 뒤 대학원에 들어간 겁니다."

그런 그에게 지도교수도 큰 기대를 하지 않았다. 3년 만에 석사학위를 받자 "박사 공부는 하지 말라"고 할 정도였다. 다시 한 번 취업을 시도했지만, 역시 잘 되지 않았다. 결국 여기저기 대학원에 지원한 끝에 4년 만에 경북대에 입학했다. 박사학위를 받기까지, 다시 6년 반의 시간이 더 걸렸다. 그동안 생계는 계명대, 대구대 등에서 시간강사로 일하며 받는 강의료로 근근이 꾸렸다.

"뭐 하나 한 번에 된 적이 없어요. 힘들고 괴로웠지요. 공부를 하면 할수록 나는 절대 교수가 될 수 없을 거라는 사실만 점점 분명해지는 것도 견디기 어려웠고요."

1999년 간신히 박사논문을 쓰고 나자 이젠 정말 살길을 찾아야 한다는 위기감이 느껴졌다. 마흔이 다 된 나이에 새로 시작할 일을 찾는 건 쉽지 않았다. 자신만 바라보고 있는 아내와 두 아이도 마음에 걸렸다. 그는 강의가 없는 시간이면 대구 팔공산 성전암에 올랐다. 펼쳐진 소나무를 보고 있으면 잠시나마 마음이 편안해졌기 때문이다.

"꽤 오랫동안 하루도 빼놓지 않고 그 숲에 갔습니다. 비가 오든, 폭염이 쏟아지든 하염없이 나무를 바라봤지요. 때로는 눈물 흘리고, 때로는 소리도 지르면서요."

바로 그 무렵이었다. '나무'가 새롭게 보이기 시작한 건. 우연히 접한 산림학자 차윤정 씨의 나무생태서 『신갈나무 투쟁기』가 계기가 됐다. 신갈나무를 의인화해 나무에게도 치열한 삶이 있음을 기록한 이 책을 읽으며 그는 무릎을 쳤다. 그동안 쌓은 인문학적 지식과 나무 얘기를 묶어 책으로 내면 호구지책은 될 수 있겠다는 생각이 든 것이다.

"저는 시골 사람이라 나무와 함께 자랐어요. 소나무의 어린 가지를 꺾어서 달콤한 물을 빨아먹기도 하고, 지게 가득 땔감을 해 나르기도 했지요. 나무 얘기가 베스트셀러가 되는 걸 보니 그런 유년 시절 추억이 떠오르면서 정신이 번쩍 든 겁니다. '조금만 공부하면 나도 책을 쓸 수 있지 않을까. 되든 안 되든 한번 해보자' 하는 마음이었지요."

■ 호구지책(糊口之策)

책을 쓰려면 나무의 이름부터 알아야겠다는 생각에 식물도감을 사서 첫 장부터 읽어나갔다.

"그때는 '근사'고 '격물치지'고 생각할 겨를이 없었어요. 먹고 살기 위해 교학사에서 나온 『한국의 수목』을 펴놓고 하나하나 이름을 익혔지요. 그 뒤엔 캠퍼스에 나가 그 나무를 찾아봤고요."

나무 이야기에 인문학적 지식을 더하기 위해 각종 사료도 뒤졌다. 가장 먼저 찾은 것은 중국 청대의 식물학 서적들이었다. 강 교수가 서가에서 꺼내 보여준 당시의 식물도감 『식물명실도고(植物名實圖考)』는 백과사전만큼이나 두꺼웠다. 식물 1,714종에 대해 기록해놓았다는 책을 펼치자, 나무 모양을 그린 세밀화 옆에 각각의 이름, 특성이 적혀 있었다. '측백나무'를 찾으면 '씨는 맛이 달다. 소나 말이 등창에 걸렸을 때 이 열매를 먹이면 낫지 않는 경우가 없다'고 쓰여 있는 식이다. 신기한 건 공부가 힘들지 않았다는 점이다. 오히려 먹고살기 위해 시작한 일이라는 것조차 잊을 만큼 재미있었다.

"옛 식물도감에는 나무에 얽힌 옛이야기나 그 시대 사람들이 나무에 대해 쓴 시 같은 것이 기록돼 있는 경우가 많거든요. '공자가 이 나무에 대해 이렇게 말했다'고 적고는 출처를 『논어』라고 밝히는 식이지요. 도감을 읽다가 그런 부분이 나오면 원전을 찾아 읽고, 거기 다른 나무 얘기가 나오면 다시 또 그 책을 찾고……. 그렇게 계속 이야기의 흐름을 따라갔어요. 나무가 우리의 삶과 이렇게 깊은 연관을 맺고 있구나, 어떻게 지금까지 나무에 대해 무관심한 채 살 수 있었을까 하는 생각이 들었지요."

도감에 나오는 나무들을 직접 찾아보는 것도 재미있었다. 이름을 외우고, 특징을 알게 되니 그동안 무심코 지나치던 나무들이 하나하나 새로운 느낌으로 다가왔다. 인문대 앞에 서 있는 벽(碧)오동의 푸른 나무껍질이 한눈에 들어왔고, 여간해서는 볼 수 없다는 목백합의 연초록빛 꽃망울을 찾기 위해 무성한 가지 아래서 한참동안 잎새를 올려다보기도 했다. 나중엔 학교를 거닐다 모르는 나무가 보이면 조경담당자를 찾아가 물어볼 정도가 됐다. 그렇게 조금씩 진심으로 나무에 빠져들었다.

"언제부턴가 도감에서 제가 직접 보지 못한 나무 사진을 발견하면, 그 나무를 만나고 싶어 못 견딜 지경이 됐어요. 이 이파리가 바람에 떨리면 어떻게 보일까, 나무껍질은 얼마나 부드러울까……. 마치 연애할 때 애인이 어떤 옷을 입고 나타날까 상상하는 것 같은, 그런 기분이 들었지요."

도로변에 우뚝 선 물박달나무를 보는 순간 왈칵 눈물이 났다. 박달나무를 만났다는 기쁨 때문이기도 했지만, 내 눈앞에 나타난 물박달나무가 내가 상상했던 우주목(宇宙木) 혹은 세계수(世界樹)와는 달리 너무 왜소했기 때문이었다. 나는 가까이 다가가 안아보았다. 굵지 않은 나무인지라 작은 가슴에 들어왔다. 비가 내린 뒤라 나무는 촉촉이 젖어 있었다. 갈색 수피(樹皮)와 계란형의 잎, 끈적끈적한 가지는 식물도감에서 본 그대로였다. …… 숲과 구름에 가려 알아보기 힘든 나무의 모습을 내 마음속에 담아 오기 위해 두 눈을 부릅뜨고 한동안 바라보았다. 그때의 안타까운 심정은 한 존재를 진정으로 사랑해본 사람만이 이해할 수 있을 것이다.

강 교수가 한 번도 보지 못한 박달나무를 간절히 찾아다닌 끝에 마침내 경북 문경에서 맞닥뜨렸을 때 쓴 글이다.

■ **통섭의 인문학**

그 무렵, 그는 문득 나무를 세어보고 싶다는 생각을 하게 됐다. 새삼 캠퍼스 안에 나무가 참 많다는 생각이 든 것이다. 전부 합치면 얼마나 될까 하는 호기심이 생겼다.

"처음엔 저도 학생들처럼 멀찌감치 떨어져 개수를 셌어요. 몇 번을 다시 세고서야 한 걸음 다가서는 법을 배웠지요. 껍질을 쓰다듬을 때 느껴지는 나무, 넉넉한 그늘 아래 누워 올려다보는 나무는 그때까지 알아온 나무와는 전혀 다른 모습이었어요. 정말 새로운 세계가 열린 거지요."

강 교수는 나무를 사랑하는 이유로 "늘 새로운 모습을 보여주기 때문"을 들었다. 천년을 살아온 은행나무도, 늘 푸르게만 보이는 소나무도, 가까이서 바라보면 언제나 변화하며 성장하고 있었다. 물을 머금고 잎을 틔우고 나이테를 불리는, 세상 누구보다도 치열한 나무의 '삶'을 보며 그는 잠시나마 그들을 생존의 도구로 생각했던 걸 반성했다고 한다. 그때부터 나무는 그저 온전한 사랑의 대상이 됐다.

강의가 없는 시간을 쪼개 나무를 세면서 그는 종종 이상한 사람 취급을 받기도 했다. 멀쩡한 중년 남자가 나무 사이를 오가며 껍질을 쓰다듬거나 나무를 끌어안고, 심지어 그 아래 누워 하염없이 이파리를 바라보고 있으니 정상으로 보이지 않았을 것이다. 동료 학자들도 그를 이해하지 못하기는 마찬가지였다. "명색이 인문학자가 공부하다 잘 안 된다고 해서 '외도'를 하면 되느냐"는 냉소와 비난이 들려왔다.

"하지만 저는 제가 외도한다고 생각지 않았어요. 고대 철학자가 과학을 연구하고, 퇴계가 직접 도산서원을 설계한 것처럼 인문학은 원래 경계가 없는 학문이라고 믿었거든요. 현대의 식물도감과 청대의 역사서, 경전, 문학서적을 함께 읽은 것도 그런 이유에서였습니다."

그는 "사학이 나무와 무관한 학문이라는 의견에도 동의할 수 없었다"고 했다. 인간은 나무보다 늦게 세상에 왔고, 그래서 인류의 모든 역사가 나무와 긴밀하게 얽혀 있음을 나무를 공부하며 알게 됐기 때문이다.

■ 미쳐야 미친다

그의 관심 분야는 사학의 영역을 넘어 점점 넓어졌다. 예사로 지나치던 모든 나무가 큰 의미로 다가왔다. 동요에 언급되는 나무의 원형을 추적하고(동요 '푸른 하늘'에 나오는 '계수나무'는 무슨 나무일까, 어떤 특징이 있기에 달나라에서 토끼와 함께 머무는 나무로 여겨졌을까, 달나라에 계수나무가 있을 거라고 처음 상상한 사람은 누구였을까), 역사의 이면을 파헤쳤으며(공자가 제자를 가르쳤다는 '행단'은 어느 나무 아래 있었을까, 왜 공자는 수많은 나무 가운데 그 나무를 선택했을까, 공자의 가르침과 그 나무는 무슨 관련을 맺고 있을까), 유명 화가의 삶을 돌아보기도 했다(고흐는 왜 자살 직전 '측백나무'를 그렸을까, 이 나무에 신경쇠약과 불면증에 좋은 '백자인'이 들어 있다는 사실을 알고 있었던 걸까, 그렇다면 그가 일본 원산 '삼나무'를 주제로 그린 〈삼나무와 별이 있는 길〉은 고흐의 정신세계와 어떤 관련이 있을까).

지금껏 누구도 연구한 적 없는 분야를 개척하기 위해 그는 '월요일부터 토요일까지, 매일 오전 9시부터 오후 10시 반까지' 나무에 묻혀 살았다. 강의하는 시간을 제외하고는 내내 나무를 세거나 관련 책을 읽고 틈틈이 글을 썼다. 점심, 저녁 두 끼는 모두 도시락으로 때웠다.

"일요일 하루는 학교를 떠나 새로운 나무를 만나러 다녔지요. 천연 기념물로 지정된 나무를 보거나, 교내에 없는 특별한 수종을 찾아다 닌 거예요. 그전에는 몰랐는데 제가 뭔가에 빠지면 정말 '미치는' 성격이더군요."

나무를 만난 뒤에도 직업은 여전히 시간강사였고, 미래는 불안했다. 하지만 그는 더 이상 불행하지 않았다. 마음을 다해 사랑하고 열정을 바쳐 공부할 주제가 생겼기 때문이다. '밥'을 위해 시작한 나무 공부는 그렇게 그의 '꿈'이 됐다.

강 교수는 2002년 마침내 첫 책 『어느 인문학자의 나무 세기』(지성사)를 펴냈다. 나무와 역사, 나무와 문학, 나무와 미술 등에 대한 그간의 연구를 풀어낸 역작이다. 그는 책머리에 '일 년 이상 도시락을 준비하면서도 불평은 커녕 오히려 더 맛있는 반찬을 싸주지 못해 미안해하던 아내, 아침에 잠깐 아빠 얼굴을 보는 것으로 만족해야 했던 지원과 영민에게 이 글이 조금이라도 보답이 되길 바란다'고 썼다. 이 책은 베스트셀러가 되지는 않았지만, 팍팍한 살림에 숨통을 틔워줬다. 그리고 2005년, 그는 강사 생활 16년 만에 마침내 모교의 교수가 됐다. 나무 공부를 통해 '괴짜 사학자'로 이름을 알리지 않았다면 꿈조차 꾸지 못했을 일이다. 강 교수는 "나무에 미친 내게 나무가 준 선물 같다"고 했다.

"사람이 사는 동안 자기가 가진 에너지를 얼마나 쓰고 가는지 모르겠지만, 저는 나무를 만난 뒤 제가 가진 것의 100퍼센트를 쓰고 있어요. 그렇게 집중할 수 있는 대상이 이 세상 다른 무엇이 아닌 나무여서 행복하고요."

강 교수는 현재 대학에서 '동양고대사' '동양중세사' '동양근대사' 등 주로 시대사를 강의하고 있다. 사학과 전공 수업이지만, 강의에는 당연히 나무 얘기가 넘쳐흐른다. 어떤 강의를 맡든 한 학기에 한 번 이상은 야외수업을 하며 학생들과 함께 나무를 본다. '근사'와 '격물치지'의 실천이다.

■ 나무인간 강판권

'나무를 사랑하는 사학자'로서 연구 활동도 계속하고 있다. 우리가 부르는 나무 이름이 왜 그렇게 지어졌는지, 다양한 문헌에서 생태적 문화적 근거를 찾아내 설명한 『나무 사전』을 펴냈고, 한 그루의 은행나무를 문화·역사학적으로 고찰해 옛사람들의 정신과 철학을 되새겨본 『은행나무-동방의 성자, 이야기를 품다』라는 책도 냈다. 2011년 4월 펴낸 『미술관에 사는 나무들』이다. 다양한 산수화를 분석해 그림의 '숨은 주인공' 나무의 이야기를 풀어낸 책이다. 그는 동시에 우리나라 식물학사를 개괄하는 책의 집필도 준비 중이다. 대한민국 식물학이 지금까지 어떤 모습으로 성장해왔는지, 일제강점기를 거치는 동안 어떻게 발전 또는 왜곡됐으며 현재 우리나라 숲에 어떤 영향을 미치고 있는지 등을 정리할 계획이다. 강 교수는 "평생 쓰고 싶은 책 제목은 이미 다 정해놓았다. 앞으로 계속 공부하고 글을 쓰기만 하면 된다"며 웃었다.

그의 꿈은 이렇게 나무를 사랑하며 살다가, 언젠가 나무가 되는 것이다. 그가 건네준 명함에는 '강판권 쥐똥나무'라고 쓰여 있었다.

"'쥐똥나무'는 아파트나 학교 등의 울타리로 많이 쓰이는 나무지요. 키 작은 모습이 저랑 닮은 것 같아 '본명'으로 삼았어요. 중심에 서 있는 것보다 울타리가 되는 게 더 잘 어울리는 점도 저와 비슷하고요. 게다가 이름도 정말 앙증맞잖아요."

그는 다른 이들에게도 나무 이름을 짓도록 권한다. 나무 이름을 갖는 순간 '내가 나무가 되고, 나무와 같은 가치를 갖는' 놀라운 경험을 할 수 있다고 믿기 때문이다.

"사람이 나무가 되면, 우리도 나날이 새로워지고, 서로에게 평등해지며, 타인의 도움 없이도 혼자만의 힘으로 삶을 꾸릴 수 있게 되겠지요. 정말 근사한 일 아닌가요?"

그래서 강 교수의 '인문식물학'을 좋아하는 사람들이 만든 모임 '나무세기' 회원들은 서로를 각자 원하는 나무 이름으로 부른다.

인터뷰를 마치고 그와 함께 캠퍼스로 나섰다. 벽오동을 지나 회화나무·산사나무·계수나무로, 산딸나무를 돌아 은목서·자귀나무·뽕나무로, 다시 상수리나무와 튤립나무·느릅나무로 길은 이어졌다. 강교수를 만나러 가던 길엔 그저 '나무1' '나무2' '나무3'일 뿐이던 것들이 하나 둘 제 이름과 향기를 갖고 깨어나는 게 느껴졌다.

언젠가 그가 말했다, 어렵고 막막하던 시절

나무를 바라보는 것은 큰 위안이었다고
(그것은 비정규직의 늦은 밤 무거운
가방으로 걸어 나오던 길 끝의 느티나무였을까)

…… 어쩌면 그는 나무 이야기를 들려주려
우리에게 온 나무인지도 모른다
아니면, 나무 이야기를 들으러 갔다가 나무가 된 사람.

−이성복, 「기파랑을 기리는 노래」−나무인간 강판권 중에서

6. '나무에 미친 사학자' 강판권 계명대 교수

목숨 걸고
제대로 미칠 것

'미쳐야 미친다'는 말이 이렇게 잘 들어맞는 사람이 또 있을까. 강판권 교수를 보며 떠오른 생각이다. 그는 '먹고살기' 위해 나무를 공부했다. 어쩌면 숨기고 싶었을지 모를 자신의 과거를 털어놓으며 강 교수는 "그 시절 나무를 대신할 수 있는 건 아무것도 없었다"고 했다. 절망의 끝에서 나무를 통해 위로받았고, 나무로 호구지책을 삼았다. 그러니 미칠 수밖에. 세상 누구보다 뜨겁게 사랑할 수밖에.

그는 나무를 세고, 생각하고, 연구하면서 새로운 세상을 만났다. 존경과 감동이 넘치는 공간이었다. 경남 합천군 해인사에서 본 천연기념물 제289호 소나무는 지금도 잊을 수 없다. 고매한 선승처럼 위엄 있는 모습에 감히 고개를 들 수 없을 정도였다.

"경기 양평군 용문사에 있는 은행나무도 보는 사람을 압도했지요. 그런 나무를 만나면 저는 큰절을 올립니다. 한자리에 서서 그토록 오랜 시간을 보낸 존재의 깊이라는 건, 한낱 인간이 감히 가늠할 수조차 없을 것이기 때문이지요."

경북 상주시 화서면의 반송(천연기념물 193호), 충북 괴산군 화양면 청천리에 있는 '왕소나무'(천연기념물 290호)도 종종 눈앞에 어른거린다. 부산 양정 1동 동래 정씨의 시조 묘 근처에 있는 배롱나무는 그림처럼 아름다운 풍경으로 기억에 남아 있다. 늦봄 구름 한 점 없던 어느 날 오후, 그 나무 밑에 앉아 새 소리를 들었던 순간은 그가 평생 잊고 싶지 않은 소중한 추억 가운데 하나다.

그는 이렇게 나무를 이야기한다. 한그루, 한그루의 나무와 그들과 함께 나눴던 한순간, 한순간의 삶이 소중하지 않은 게 없다. 그러니 '나무병 환자'일지언정 세상 누구보다 행복할 수밖에.

스스로를 '쥐똥나무'라고 부르는 강 교수는 다른 이들에게도 나무 이름을 짓도록 권한다. 자신이 직접 주위 사람들의 개성과 향기에 맞는 이름을 지어주기도 한다. 그는 저자에게도 '목백합'이라는 이름을 붙여줬다. 튤립나무라고도 불리는 이 나무는 봄이면 여간해서는 찾기 어려운, 튤립 모양의 연초록빛 꽃을 피운다. 그 꽃망울을 보기 위해, 강 교수가 무성한 가지 아래서 한참동안 올려다 봤노라는 바로 그 나무다.

강 교수를 만난 이후 저자는 종종 거리에서 목백합을 만난다. 그동안 어떻게 이 나무를 몰라봤을까 싶을만큼, 세상 어떤 나무와도 다른 외관이 한눈에 들어온다. 하염없이 높고 무성한 가지를 올려다보며, 그 안에 자그맣게 맺혀있을지 모를 꽃망울의 흔적을 더듬을 때도 많다. "나무를 세면 생명을 사랑하게 되고 세상 모든 존재를 존중하는 눈이 뜨인다"던 그의 말을 실감하게 되는 순간이다.

절실하게 사랑하는 존재를 만난다면, 그것이 무엇이든 이렇게 새로운 세상이 열리겠구나 그와 이야기를 나누며 깨달은 사실이다. 사랑할만한 존재를 만난다면 끝까지 미쳐보라. 그곳에 진정으로 사랑하는 이에게만 열리는 새로운 궤도가 있다.

‘과학 너머의 과학’ 연구자

김 재 수

KIST 명예연구원

김재수(62) 한국과학기술연구원(KIST) 명예연구원(박사)은 금속공학자다. 1974년 KIST에 입사한 뒤 정년퇴직할 때까지 36년간 관련 분야를 연구했다. 그러나 정작 명성을 얻은 건 다른 쪽에서다. UFO, 외계인, 영성, 전생(轉生)……. 그동안 학문의 대상으로 여겨지지 않던 영역에서 일가를 이뤘다. 비슷한 관심사를 가진 학자들이 모인 '한국정신과학학회' 회장으로 여러 편의 논문을 발표하기도 했다.

　　"김재수 박사를 만나보세요."

　　'한국의 괴짜들'을 만나겠다는 목표를 세우고, 전국 곳곳의 '남다른 사람들'을 만나고 있을 때 한 사람이 해준 얘기다. 그는 "우리나라에 그만한 괴짜는 없다"고 단언했다. 그 후에도 여러 번, 취재 현장에서 김 박사의 명성을 들었다.

　　최근에는 관심 있는 이들 사이에 그의 이름이 더 널리 회자되고 있다. 김 박사가 2012년 태양계에, 그중에서도 지구에 대격변이 일어난다는 주장을 펴고 있기 때문이다.

그렇지 않아도 세간에는 2012년을 시한으로 삼은 갖가지 종말론이 나돌고 있다. 노스트라다무스 예언서에 2012년 세계가 멸망한다고 적혀 있다거나, 고대 마야문명의 달력이 2012년 12월21일 끝난다거나, 태양계의 감춰진 행성 엑스(X)가 갑자기 출현해 2012년 지구와 충돌한다는 등의 이야기들이다. 김 박사 역시 강연과 저서 『2012 지구 대전환』 등을 통해 머지않아 지구의 북극과 남극이 뒤바뀌는 지자극 역전 현상이 일어날 수 있다고 밝혔다. 이때 현재 23.5도로 기울어져 있는 지축이 바로 설 가능성도 있단다. 대체 이게 무슨 말인가. 지금이 그를 만날 때라는 생각이 들었다. 마주 앉은 자리에서 단도직입적으로 물었다.

"지구가 곧 멸망하는 건가요?"

김 박사는 고개를 저었다. 하지만 "우주의 움직임을 보면 2012년 지구에 큰 변화가 오는 것만은 분명하다"고 했다.

■ 외계인은 말한다

"언론에 보도되는 자연재해를 보세요. 지금 지구가 정상입니까. 미얀마 사이클론, 인도네시아 쓰나미, 중국 쓰촨(四川)성 지진처럼, 수십만 명이 한꺼번에 죽는 사고가 세계 곳곳에서 끊임없이 일어나고 있어요. 홍수가 잦아지고 가뭄 기간은 길어지고 폭풍은 강해졌습니다."

최근 통계에 따르면 태풍이나 홍수처럼 기후적인 원인으로 발생하는 자연재해가 1950년에 비해 3.5배 증가한 건 사실이다. 지진이나 쓰나미처럼 지질적인 원인으로 발생하는 자연재해도 같은 기간 2배가 됐다. 김 박사는 이런 현상을 보며 "도대체 왜?"하는 궁금증을 갖게 됐다고 했다. 그 과정에서 태양계 전체에 엄청난 변화가 진행 중이며, 그 여파로 각종 자연재해가 일어난다는 사실을 알게 됐다고 한다. 보통의 과학자들은 최근 빈발하는 자연재해의 원인을 지구온난화에서 찾는다. 하지만 김 박사는 "그게 전부가 아니다"라고 잘라 말했다.

"요즘 태양이 기상 관측 사상 최대로 활성화되고 있어요. 새벽녘 금성은 과거에 비해 25배나 밝아졌고, 화성 극지방의 얼음 층은 거의 다 녹았습니다. 목성·토성·천왕성·해왕성 등 태양계 다른 행성의 환경도 크게 변하고 있지요. 지구의 자연재해가 전 우주적인 변화의 한 부분이라는 뜻입니다."

그는 이 주장의 논거로 "기후 변화 때문에 자연재해가 늘어났다고 한다면, 지질적인 문제로 인한 재해까지 증가하는 이유를 설명할 수 없지 않느냐"라고 했다.

문제는 그가 말한 '태양계의 엄청난 변화'가 학계에서 일반적으로 받아들여지는 내용은 아니라는 점이다. 김 박사는 "여러 과학자가 많은 연구를 진행한 뒤 발표한 결과"라고 했지만 그 내용이 권위 있는 학술지 등을 통해 검증된 건 아니다. 인류의 미래에 큰 영향을 미칠 수 있는 이런 정보가 비공식적이거나 영향력이 적은 경로를 통해 유통되는 이유에 대해 김 박사는 각국 정부와 거대 자본의 정보 통제 때문이라고 주장했다.

그렇다면 그는 이런 비밀 정보를 어떻게 얻는 걸까. 김 박사에 따르면 "여러 경로를 통해서"다. 인터넷 서핑으로 세계 각국의 자료를 검색하고, 해외 연구자들과의 교류를 통해 미공개 정보를 얻는다. 그리고 또 하나의 정보원이 있다. '외계의 지성체.' 그는 "외계인들이 여러 통로를 통해 지구의 미래에 대해 알려준다"고 했다. 지자극 변화와 지축 이동에 대한 얘기도 그 과정에서 알게 됐단다. 그러니까 외계인과 대화를 나눈다는 말인가.

"직접 소통하는 건 아니지만 그들이 채널러(channeler·외계인과 소통하는 사람)를 통해 들려주는 정보를 접하고 있지요. 외계인들은 지구 상황에 대해 큰 관심을 갖고 있고, 되도록 많은 이에게 지구의 미래에 대해 알려주려고 해요."

■ 달 탐사 미스터리

저명한 과학자가 눈도 깜짝 않고 한 얘기다. 그는 1970년대부터 우주와 외계인의 존재에 관심을 기울여왔다고 했다. 40년 가까이 천착해온 주제이니 새삼 정색할 내용도 아닌 듯했다. 대학과 대학원에서 금속공학을 전공하고, KIST에서 고융점 금속의 코팅 기술을 연구하던 그가 '우주의 메시지'에 빠져든 계기는 뭘까. 그는 미국의 달 탐사 프로젝트에 대한 과학자로서의 궁금증이 출발점이 됐다고 했다.

"1978년쯤, 알고 지내던 미국인 친구한테 '아폴로 11호가 실은 달에 다녀오지 않았다'는 얘기를 들었어요. 지금은 널리 알려진 의혹들 있잖아요. '달에는 대기가 없는데 성조기가 펄럭였다' 같은 내용을 그때 처음 접했죠. 관련 자료를 뒤져보니 정말 이상한 점이 많더군요. 궁금한 걸 못 참는 성격이라 그 주제에 10년 이상 매달렸어요. 그 과정에서 미국의 달 탐사 관련 발표가 대부분 거짓말이라는 걸 알게 됐죠."

온라인에서 미국의 달 탐사를 둘러싼 음모론이 광범위하게 떠도는 건 주지의 사실이다. 저자 역시 '인류는 달에 가지 못했고, 그때 방송한 TV 화면은 지구의 스튜디오에서 촬영한 것'이라는 내용의 글을 읽은 기억이 있다.

"아니, 제 생각은 좀 달라요. 인류가 달에 가긴 갔어요. 그런데 거기서 너무 엄청난 걸 본 겁니다. 그 내용을 세상에 알릴 수 없어서 거짓 영상을 내보낸 거지요."

김 박사는 미국의 우주인들이 지구 궤도를 벗어나자마자 우주 공간을 자유롭게 날아다니는 무수한 UFO를 만났다고 말했다. 달에 착륙한 뒤에는 달의 뒷면에서 거대한 인공 구조물을 발견했단다. '~했을 것'이라는 가정이 아닌 확신에 찬 단정형 어미다. 우주인 중 누군가가 그에게 '우주의 비밀'을 증언한 걸까.

"아니요. 달에 다녀온 사람들은 지금껏 아무 말도 안 했죠. 오히려 그 사실 때문에 제가 확신을 갖게 된 겁니다."

그는 지방 국립대 교수인 한 친구의 체험담을 꺼냈다. 이 교수는 닐 암스트롱이 근무하는 미국 대학으로 연수를 간 적이 있다. 그런데 그대학 동료 교수들이 '저 사람은 사적인 자리에서조차 달에 대한 얘기는 한마디도 하지 않는다'고 하더라는 것이다. 김 박사는 "달 탐사처럼 극적인 경험을 한 사람이 아무 말도 하지 않는 건, 결코 말할 수 없는 비밀이 있다는 뜻 아니겠느냐"고 했다.

"하지만 세상에 영원한 비밀이 있습니까. 시간이 흐르면서 당시 프로젝트에 관여했던 미항공우주국(NASA) 출신 과학자들이 하나 둘 당시 상황을 증언하고 있어요. 저도 그런 자료를 통해 UFO와 인공 구조물의 존재에 대해 알게 됐습니다."

김 박사는 1999년 미국에서 30년간 UFO를 담당한 CIA 요원을 만났으며, 그 사람도 여러 자료를 보여줬다고 했다. 달 표면에 12킬로미터 높이의 거대 구조물이 서 있는 사진도 확보했다고 했다. "그게 공식적으로 확인된 사진인가요?" 묻지 않을 수 없었다.

"NASA는 우주 정보를 철저하게 통제하고 있어요. 공식적인 채널을 통해서는 아무 것도 알 수 없습니다."

■ 우주의 지적 생명체

그러니까 그의 이야기는 한 과학자의 확신으로 이해해야 하는 셈이다. 김 박사는 평생 학문의 길을 걸어왔다. 자신의 연구 결과에 근거해 하나의 이론을 세운 것이다. 계속 '공식적인 데이터'를 요구하는 저자를 보며 "과학자가 근거도 없이 이런 주장을 하겠느냐"고 답답해하던 그는 서가에서 책을 한 아름 들고 돌아왔다. NASA 출신

과학자 리처드 호글랜드가 쓴 『Dark Mission : The Secret History of NASA』 등이 눈에 띄었다. 이 책에는 "NASA가 달과 화성에서 문명의 흔적을 발견했다. 하지만 엄청난 사회적 충격이 발생할 것을 우려해 이 사실을 철저하게 숨겨왔다"는 등의 내용이 담겨 있다.

"아까도 달의 구조물에 대해 말씀하셨죠. 그럼 달에 문명을 이룰만한 지적 생명체, 즉 외계인이 살고 있다고 믿으시는 건가요?"

필자의 질문에 그는 웃었다.

"거기서 살기도 하고……. 또 많이 옮겨왔죠. 지구로."

이번에도 가정이 아닌 확신에 찬 단정형 어미다.

달에 생명체가 살고 있다는 이야기를 들은 것이 처음은 아니다. 2005년 작가 이외수씨가 같은 주장을 한 적이 있다. 달이 사라지면서 자연과 인간 세계에 큰 혼란이 찾아온다는 내용의 소설 『장외인간』을 펴냈을 때다. 그를 인터뷰하러 강원도 춘천 자택으로 찾아간 저자에게 작가는 "달에 사는 지적 생명체와 채널링(소통)하며 이 작품을 썼다"고 귀띔했다.

"중국 인구 정도 되는 규모가 지하 시설에서 살고 있대요. 지구인이 달에 착륙한 것이 맞느냐고 물었더니 맞다더군요. 그런데 우리가 그렇게 고생해서 간 거리를 그들은 3분이면 온답디다. UFO를 타고요. 태양계에는 지구와 달 외에도 화성·금성에 생명체가 존재하는데, 그 중 금성의 생명체가 가장 문명적으로 발달했다는 얘기도 들었어요."

당시 이외수씨의 '증언' 이후 6년 만에 다시 달의 생명체 얘기를 들은 것이다. 이번에는 심지어 그들이 우리와 더불어 살고 있다는 '뉴스'

까지 접했다. 그들이 지구인의 모습으로 여기 머물고 있다는 뜻인가.

"그렇죠. 자신들이 달에서 왔다는 사실은 모른 채로요. 우리 주위에는 외계인이 많아요. 지구 역사와 관계된 다른 별, 시리우스·금성·화성 출신도 많습니다. 저는 전생을 보니 '랠른 갤럭시'라는 곳에서 왔다더군요."

이번에도 역시 웃는다. 그는 저자에게 우주의 '비밀'을 들려주는 게 무척 재미있는 듯 했다. 김 박사는 1987년, 폴란드계 미국인 조지 아담스키가 쓴 『UFO와 우주법칙』이라는 책을 읽고 우리 주위에 외계인이 있다는 걸 확신하게 됐다고 했다. 아담스키는 이 책에서 금성인을 만난 경험담을 고백했다.

"그때까지 제가 금성에 대해 아는 거라고는 기압이 지구의 90배가 넘고 평균기온은 섭씨 480도라는 게 전부였어요. 그런 연옥 같은 환경에서 어떻게 생명체가 살겠나 생각했죠. 그런데 아담스키는 UFO의 사진을 찍고, 상세한 내부 구조와 추진 방법 등까지 기록했더군요. 명색이 KIST 과학자인데, 내가 지금까지 우주에 대해 아는 게 아무것도 없었구나 반성하게 됐어요."

그때부터 '달의 미스터리'를 탐구하는 열정으로 UFO와 외계인에 관한 정보를 찾아 나섰다. '탐구'해보니 금성인을 만났다는 사람이 한둘이 아니었다. 심지어 자신이 금성인이라는 사람까지 있었다. 김 박사는 2011년 출간된 『나는 금성에서 왔다』는 책을 펼쳐 보였다. 금성에서 UFO를 타고 지구에 왔다고 주장하는 여인의 자서전이다. 저자에 따르면 금성은 지구보다 문명적으로 진보했다. 게다가 많은 금성인이 그처럼 지구에 건너와 지금, 여기, 우리 사이에서 살고 있단다.

여러 사람이 얘기한다고 해서 주장이 진실이 되는 건 아니다. 이런 이야기가 환각이나 망상에 의한 게 아니라는 걸 어떻게 증명할 수 있을까. 김 박사는 이 질문에 "직관"이라고 답했다.

"우주의 구조에 대해 깊이 있게 공부하다 보면 시간과 공간, 물질에 대한 인식의 차원이 달라집니다. 우리가 지금 사는 세상, 물질계가 우주의 전부는 아니라는 걸 알게 되지요. 사람들은 이런 주장에 대해 과학적이냐 비과학적이냐 하는 잣대를 들이대는데, 우리가 말하는 과학이라는 게 뭔지 한 번 생각해봐야 해요. 과학으로 설명할 수 없는 일이 일어날 때 우리는 그걸 기적이라고 부르지 않나요. 세상에는 분명히 기적이라고 부를 수밖에 없는 일이 존재합니다. 우주는 우리가 설명할 수 있는 세상 이상이기 때문이에요. 그런 걸 '과학'이라는 틀 안에 가두고 '참 거짓'으로 논하는 건 잘못된 거라고 생각합니다."

집단적 각성

그는 "과학을 넘어서는 과학, 과학 바깥의 과학을 알게 될 때 우주와 생명을 이해하는 새로운 차원이 열린다"고 했다. 그러니 '새로운 차원'을 접하지 못한 이에게 그의 이야기는 '믿거나 말거나'가 될 수밖에 없다. "나는 전생에 '랠른 갤럭시'에서 살았다더군요" 하는 고백도 그 연장선에 있다. 이왕 증명할 수 없는 이야기라면, 내친 김에 그의 전생 이야기도 들어보기로 했다.

"밥 카플란이라는 미국의 채널러가 있어요. 세계를 돌아다니며 사람들의 전생을 읽어주는 사람이죠. 10년 전쯤 우리나라에도 왔기에 그를 만났어요. 제가 이름과 주소를 얘기해주니 갑자기 눈을 감더니 잠이 들더군요. 그리고 잠시 후 완전히 다른 사람으로 깨어났어요."

목소리도, 발음도 달라진 새로운 존재는 자신을 티베트의 고승이었다가 지금은 궁극의 차원으로 올라간 외계인 '에슐람'이라고 소개했다. 그리고는 낮은 목소리로 "You are a very old soul(당신은 참 나이든 영혼이군요)"이라고 말했다. 에슐람의 설명에 따르면 김 박사는 지구에 온 지 820만 년이 됐다. 그 사이 7,000여 번의 윤회를 거쳤다. 지구에 오기 전에는 UFO를 타고 다니며 우주의 일을 보는 존재였단다.

"에슐람이 들려준 이야기가 참인지 거짓인지는 알 수 없지요. 하지만 다차원적인 평행우주 속에서 충분히 일어날 수 있는 일이라고 생각해요. 지금 내가 집중하고 있는 이 물질계의 현실에는 맞지 않는 이야기일지라도, 내가 나라는 존재를 깊이 있게 이해하는 데 하나의 참고 자료가 될 수는 있지 않을까요?"

그는 지금 우리가 살고 있는 이 세계 밖에 또 다른 세계가 존재한다는 걸 믿는다면, 그리고 그들의 메시지를 통해 우리에게 도움이 되는 정보를 얻을 수 있다면, 그 이야기에 귀를 기울이는 것도 의미 있지 않겠느냐고 했다.

외계인이 전해주는 지구의 미래에 대한 정보도 그중 하나다. 김 박사가 들은 여러 메시지에 따르면 2012년 지구에 나타날 대변혁의 시나리오는 크게 세 가지다.

첫째는 지구의 종말. 문명도 생명체도 전혀 남지 않는 파멸이다. 둘째는 인류 중 선택된 몇 퍼센트만 살아남아 새로 삶을 꾸려가는 것, 그리고 셋째는 순간적인 차원 이동이 일어나 선택된 일부가 다른 차원으로 이동하고, 대부분의 사람들은 그것을 인지하지 못한 채 계속 변함없는 삶을 유지하는 것이다.

애초에 그가 얘기한 대로 지구의 N극과 S극이 뒤바뀌고 지축이 바로 서는 상황은 1번, 혹은 2번 시나리오일 때 벌어질 것이다. 3번의 경우는 그보다 매우 평온하다. 일반인은 아무것도 느끼지 못한 채 '대변혁'이 지나간다는 뜻이기 때문이다.

"차원 이동이란 존재의 주파수가 달라지는 거라고 할 수 있어요. 어느 행성이든 생명체가 거주할 수 있는 시공간대가 정해져 있습니다. 예를 들면 지구는 채널 9, 금성은 채널 7, 화성은 채널 11 같은 식이죠. 우리가 다른 행성에 사는 생명체를 만날 수 없는 이유는 이 주파수가 서로 다르기 때문이에요. 그런데 대변화기에 지구에 큰 변화가 찾아오면 영성이 충만해지고, 영적으로 성숙한 영혼이 다른 차원으로 옮겨가 새로운 채널에 맞는 존재가 될 수도 있다는 뜻입니다."

그는 이 경우 2012년 격변은 종말이 아니라 새로운 진화의 기회가 될 수 있다고 했다. '믿거나 말거나'로 시작하긴 했지만 이야기가 점점 더 '4차원 세계'로 흘러가는 모양새다. 분명 파국이 다가오고 있었는데, 그것이 어떻게 '진화의 기회'가 된단 말인가.

"지질학자이자 영성과학자인 그렉 브레이든은 지구자기장을 인류의 집단무의식이라고 했어요. 자기장이 약해지는 것은 인류의 집합 의식이 약해져 있기 때문이죠. 요즘 외계인과 예언자들이 앞 다퉈 지 구의 파국에 대해 얘기하는 건 인류를 의식적으로 각성시키기 위한 겁니다. 벌써 많은 사람이 '2012년 큰 변화가 다가온다'는 걸 인식하 고 마음의 준비를 하고 있지 않습니까. 그런 힘이 우주의 움직임을 변 화시키는 겁니다."

김 박사는 성서에 등장하는 '소돔과 고모라'의 이야기를 꺼냈다. 그 에 따르면 거대한 파국은 항상 의식하지 못하는 순간에 찾아온다. 깨 어 있는 사람이 하나 둘 줄어들 때. 그런데 지금 지구는 각성된 의식 의 힘으로 그런 위험을 피해나가고 있다는 설명이다.

맨 처음 저자를 만났을 때 '지구가 멸망하느냐'는 질문에 그가 고개 를 저은 것은 이런 믿음 때문이다. 김 박사에 따르면 지구는 우주의 도서관이다. 은하 간의 정보교환센터의 구실을 하며 동시에 은하 간 여행에서 반드시 거쳐야 하는 통로다. 이 때문에 우주의 모든 영성이 지구를 아끼고 돌본다고 한다. 그는 "지금 이 순간 지구에 사는 우리 는 거대한 변화의 시간을 통과하고 있다. 영성이 극적으로 향상되고, 차원을 이동해 진화할 여지가 있다"고 했다. 사례도 있다.

"기원전 수준 높은 문명을 이뤘던 마야인들이 기원 후 8세기 어느 날 흔적도 없이 사라졌잖아요. 그것이 바로 이러한 '차원변이' 때문일 겁니다."

■ 환상 게임

　　국내 유수의 명문대를 졸업한, 대한민국 국책연구원 출신의 과학자가 이런 얘기를 하고 있으니 '괴짜'라는 평가를 받지 않을 도리가 없다.

　　그는 KIST에서 자신이 공공연한 아웃사이더였다고 했다. 하지만 행복했다. 궁금한 걸 연구하고, 해답을 찾아가는 존재가 바로 과학자라고 믿었기 때문이다.

　　"제가 전공분야를 등한시한 건 아닙니다. 세계 금속공학자들이 오랫동안 몰두했던 코팅재 개발에 성공해 신문에 나고 미국의 유명 컨퍼런스에 초대받기도 했어요. 그 연구를 하면서 동시에 갖가지 호기심에 대한 답도 찾아나간 거죠."

　　그는 이 세계에 빠진 뒤부터 늘 새로 나온 책을 읽고, 온갖 홈페이지를 뒤지고, 기와 도에 통달했다는 사람들을 찾아다니느라 바빴다고 했다. 그 과정에서 우리의 영혼은 우주에서 왔으며, '윤회'를 통해 끝없이 존재한다는 답을 얻었다.

　　"우리의 영혼은 결코 소멸되지 않아요. 우주의 탄생과 함께 태어나 윤회를 거듭하며 차원이 높아질 뿐입니다. 그에 따라 다른 별로 끝없이 옮겨가지요. 이게 전생(轉生)입니다."

　　그는 죽음의 순간 지금의 나는 사라지지만, 나의 영혼은 또 다른 시공간으로 이동한다고 했다. 그래서 궁극적으로 죽음은 없다는 게 그의 생각이다.

　　"그렇게 생각하니 삶도 죽음도 심각할 게 없어집디다. 사는 동안 하고 싶은 걸 마음껏 하며 즐겁게 지내다 죽음의 순간 두려움 없이 다음 생으로 넘어가는 겁니다. 이런 제 믿음을 누구에게 강요하고픈 생각은 없어요. 다만 이 비밀을 알게 되면 행복해진다고 말할 뿐이지요. 나를 둘러싼 세계를 이해하고 사랑하게 되는 게 얼마나 즐거운 일입니까."

그는 다시 한 번 웃었다. 인류의 종말에 대해 묻기 위해 시작된 인터뷰는 이렇게 '영원한 삶'에 대한 이야기로 끝났다. 그는 삶을 '환상 게임'이라고 했다.

삶이 영원히 끝나지 않는다면, 오늘 우리의 선택 때문에 한순간 지옥의 나락으로 떨어지는 게 아니라면, 심각하게 얼굴 찡그리고 살 이유가 없다. 주류 과학계에서 '공공연한 왕따'로 지내면서, 결코 자신의 주장을 믿지 않는 이들 앞에서 '과학 너머의 과학' 이야기를 들려줄 때조차 늘 웃을 수 있는 그의 '비밀'을 그제야 알았다.

언제나, 반드시
깨어 있을 것

　　김재수 박사의 연구실 칠판에는 'life is bliss, don't worry be happy(삶은 축복이다. 걱정하지 말고 행복해져라)'라는 글씨가 쓰여 있었다. 그는 여러 번 "인간이 저지를 수 있는 가장 큰 죄는 심각해지는 것"이라고 했다.

　"이번 생에 뜻한 바를 다 이루지 못하면 다음 생에 다시 하면 됩니다. 우리의 영혼은 영원한데 심각할 이유가 있나요."

　그래서 그는 죽음도 두려워하지 않는다.

　"사는 게 재미있어서 더 살고 싶어요. 아직 하고 싶은 일이 많아서 죽고 싶지 않습니다. 아름다운 것을 볼 때, 새로운 뭔가를 깨달을 때, 사랑과 자유를 느낄 때 행복해요. 하지만 죽음이 온다면 두려움 없이 맞을 겁니다. 또 다른 행복한 시작이 될 테니까요."

그가 두려워하는 건 죽음이 아니다. 오히려 재미없게 사는 쪽이다. 끝없이 이어질 삶이 지루하다면, 그보다 큰 비극이 어디 있겠는가. 그래서 그는 한시도 지루해지지 않으려 한다. 촉망받던 금속공학자가 신학, 철학, 미래학, 천문학을 연구하다 마침내 '괴짜' 이야기까지 듣게 된 것은 어찌 보면 '최대한 재밌게' 살고자 하는 마음 때문인지 모른다.

시장조사기관 IDC가 발표한 자료에 따르면 2006년 한 해 동안 생성된 디지털 데이터의 양은 1610억 기가바이트에 이른다. 2006년 이전의 30만 년 동안 인류가 쌓아온 정보량의 10배가 넘는다. 김 박사는 "이렇게 새로운 정보가 계속 만들어지는 세상에서 모르는 걸 묻어두고 사는 건 죄악이다. 누구나 사춘기 때는 세상 모든 문제에 호기심을 갖지 않나. 그걸 풀어가는 게 얼마나 재미있겠나"라고 물었다.

그에 따르면 관심 가는 사안에 대해 '왜' '왜' '왜' 세 번만 물어보면 누구나 답을 구할 수 있다. 그런데 대부분의 사람들이 '그걸 어떻게 알겠어' 하며 자체적으로 자신의 호기심을 막아버린다. 그 순간 삶이 지루해지는 거라고 김 박사는 확신한다.

"물 안 부어주면 식물은 죽어요. 삶도 마찬가지예요. 나이 들면서 가장 경계할 게 정신적으로 닫히는 겁니다. 새로운 게 충전되지 않으면 삶은 지루해집니다. 난 그게 싫어요."

그래서 그는 계속 깨어 있을 생각이다. 세상 돌아가는 걸 다 궁금해 하면서, 남들이 얼토당토않다고 생각하는 주제의 답을 계속 찾아내면서, 즐겁게 살 생각이다. 일반인의 눈에 드는 것보다 더 중요한 건 이번 생의 행복과 영혼의 진화이기 때문이다. 카톨릭 신자인 김 박사는 이 바람을 이루기 위해 '성모송' 기도문을 약간 바꿔 자신만의 기도를 만들었다. 그는 오늘도 이렇게 기도한다.

은총이 가득한 지구 어머니시여 기뻐하소서.

창조주께서 함께 계시니 수많은 행성 중에 복되시며

당신 품안의 모든 생명 또한 복되시도다.

우주의 성스러운 행성인 가이아 여신이시여,

오늘 하루도 저를 모든 위험에서 보호하고 인도해주소서.

지구 어머니 가이아 여신이여,

제가 당신 품안에 살아 있는 동안 올바르고 보람 있는 진화를 이룩하도록 도와주소서.

크리스천 역술가

이 철 용

前 국회의원

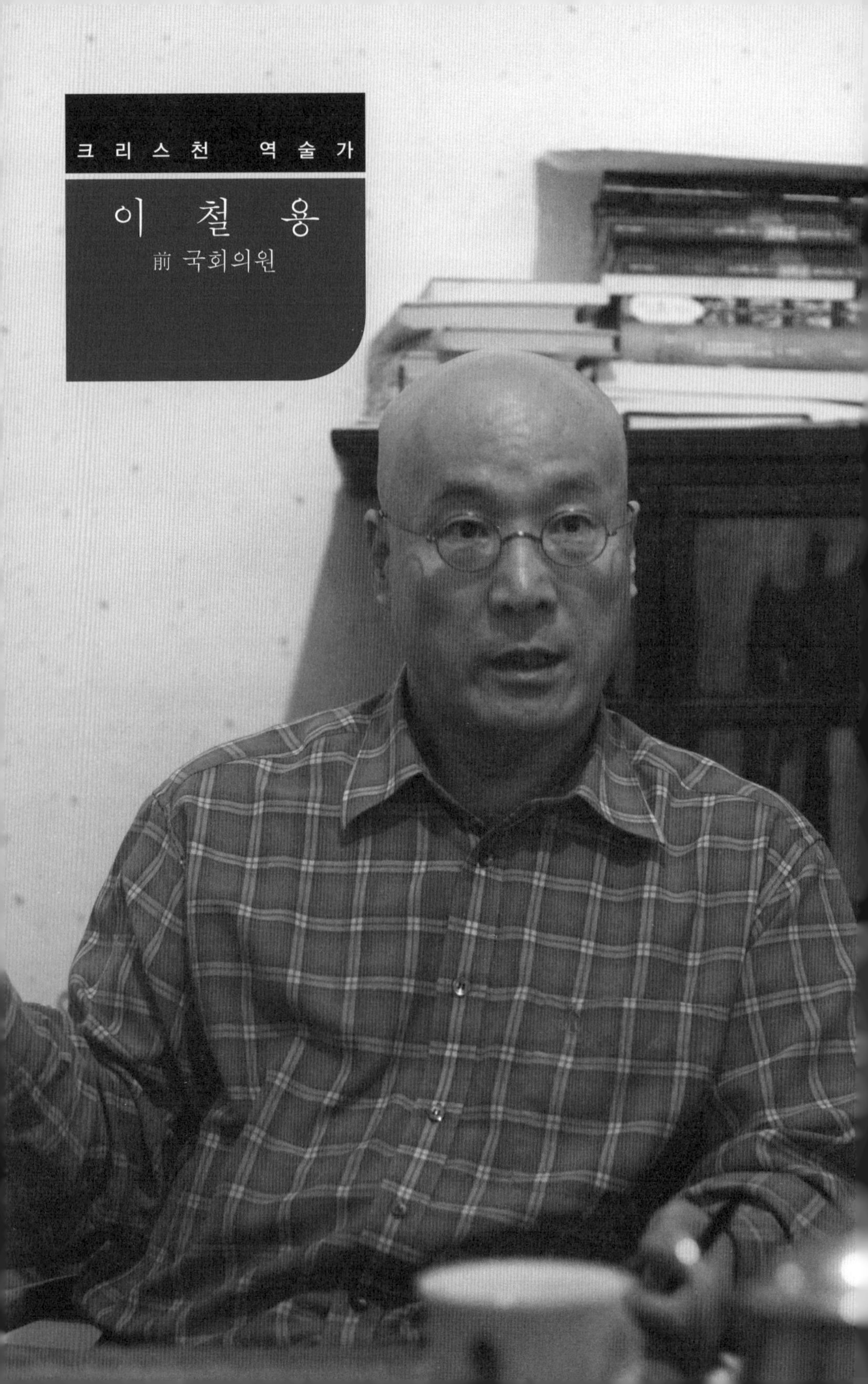

전직 국회의원이 역술원을 냈다. 게다가 이 사람, 저명한 장로이기도 하다. 전직 국회의원에 교회 장로가 '점집'이라니! "세상에 알려져도 괜찮으세요?" 조심스레 던진 질문에 껄껄 웃는다.

"문제될 게 뭐 있습니까. 동방박사도 별자리를 보고 예수 탄생을 알았는데요."

그러고 보니 그는 과거에도 세상 두려울 게 없는 사람이었다. 1989년 5공 청문회에서 전두환 전 대통령을 향해 "살인마!"라고 외친 의원이 바로 그다. 1991년 낙동강 페놀 방류 사건이 일어났을 때는 비커에 페놀을 붓고 환경처 장관에게 "당신이 먹어보라!"고 호통치기도 했다.

그렇다. 점집을 낸 전직 국회의원이자 기독교 장로는 13대 국회 시절 '소란꾼'이라고 불리던 이철용(63) 씨다. 그는 도무지 조용할 때가 없었다. 돌아보면 등원 첫날부터 '소란'을 떨었다. 지체장애 3급 장애인인 그는 휠체어를 타고 국회의사당 계단 앞에 나타나 '올라갈 수 없다'고 아우성쳤다. 경위들이 달려와 '모시겠다'는 걸 다 뿌리쳤다. '휠체어가 올라갈 수 있는 길을 만들어라.' 이틀 만에 의사당에 경사로가 생겼다.

"초등학교밖에 안 나온 제가 국회에 들어간 이유가 뭐겠어요. 보통 사람이 하고 싶은 말 대신 해주라는 거잖아요. 왜 이렇게 튀냐, 가만히 좀 있어라 하는 얘기 많았지만 일부러 안 들었어요. 그러다가 찍혀서 다음부터 공천도 못 받았지만……."

씨익 웃는다. 그가 '의원 나리'일 때만 당당하게 산 건 아니다. 그전에도, 후에도 남 눈치 본 적이 없다. 눈치 보기 시작하면 주눅 들게 너무 많아서, 아예 멋대로 사는 법을 배웠는지도 모른다.

이 전 의원의 아버지는 '폐병쟁이'였다. 그가 태어난 지 여섯 달 만에 세상을 떴다. 찢어지게 가난한 살림에 남겨준 건 결핵균뿐이었다. 돌도 되기 전 앓은 결핵성 관절염으로 그는 지금도 다리를 전다. '절름발이' 아들을 키우느라 청상과부 어머니는 행상을 했다. 엄마가 일 나간 사이, 홀로 남겨진 아이는 거칠게 세상을 배웠다. 하늘 아래 두려울 것 없는 '싸움꾼'이 됐다.

■ 절름발이 인생

"우리 어릴 때는 장애인을 놀리는 일이 많았어요. 내가 지나가면 다들 뒤에서 '저기 절름발이 간다' '찐따 간다' 그랬지요. 한번은 종로에 있는 한의원집 아들이 내 뒤를 따라오면서 막 흉내를 내는 겁니다. 하도 서러워서 집에 들어가 엉엉 울었어요."

어머니는 단숨에 길을 나섰다. 한의원집에 쫓아가 대문을 다 부숴버렸다. '이제부터 누가 너를 놀리면 이렇게 부숴버려라. 바보처럼 울지 말아라'는 가르침이었다. 그날 이후 이 전 의원의 유년기는 끝이 났다. 작고 기울어진 몸으로 살아남으려면 남이 각목 들 때 칼을 들어야 한다는 걸 알아버린 것이다. 세상에 상처입을 때마다 오히려 눈 부릅뜨고 바득바득 이를 갈았다.

"사주에 관심을 둔 것도 그 무렵부터였을 거예요. 나는 왜 이렇게 힘들게 사나. 우리 어머니는 왜 서른 살에 과부가 됐을까. 그런 생각이 막연하게 들곤 했어요. 또 어머니가 과부니까 집에 놀러오는 어머니 친구 중에도 그런 분이 많았어요. 같이 계신 걸 보고 있으면 다들 뭔가 비슷했지요. 이 느낌이 뭘까, 그런 생각도 한 것 같아요."

한번은 탄광촌 식당에 갔다가 어머니 친구들과 비슷한 분위기의 아주머니를 만났다. 무심코 '남편 몸조심 하셔야겠다'고 했는데 알고 보니 6개월 전 갱도가 무너져 이미 세상 사람이 아니라 했다. 그때의 충격은 오래 잊히지 않았다. 어쩌면 뒷골목 건달 생활을 하던 그가 빈민운동가를 거쳐 국회의원의 삶을 누리다 역술인으로 자리 잡기까지, 멀리 돌아온 긴 세월의 첫머리에는 이날의 기억이 남아 있는지도 모른다.

이 전 의원과 마주 앉은 곳은 서울 안국동에 있는 역술원 '통(通)'이었다. 이 공간을 만들기 전까지 그는 말 그대로 다채로운 삶을 살았다.

"초등학교 졸업하자마자 바로 세상에 나왔어요. 돈이 있어야 무시 안 당한다 생각해서 돈만 된다면 무슨 일이든 닥치는 대로 했습니다. 나만큼 악착같은 놈이 없으니 내가 가장 잘 벌 수밖에요. 구두소(所)를 수십 개 갖게 됐고 나를 따라다니는 애들도 생겨났습니다. 애들 공부라도 좀 시켜야겠다 싶어 1972년에 조그맣게 야학을 만들었어요."

1974년 그 학교에 '은성학원'이라는 간판을 달고 좀 더 규모 있게 운영하기 시작했다. 이때부터 그의 삶은 조금씩 달라진다. 선생으로 찾아온 손학규 민주당 대표 등 명문대 학생들과 빈민운동가 허병섭 목사 등을 만나게 된 것이다. 특히 허 목사가 건넨 성경은 그제껏 책 한 권 읽은 적 없던 이 전 의원에게 새로운 세상을 보여줬다.

"예수라는 남자가 멋있었어요. 그의 삶이 뒷골목 조폭보다 더 뜨겁고 활기차다는 걸 알게 됐지요. 이렇게 살고 싶다, 혼자 잘사는 게 아니라 더불어 잘살고 싶다, 그런 생각을 처음 했어요."

그가 빈민운동가가 된 이유다. 허 목사는 한 인터뷰에서 당시의 이철용에 대해 "젊은 나이에 평화시장에서 메리야스 도매상을 하면서 은성학원이라는 구두닦이 야학을 운영하던 날카로운 눈빛을 가진 청년이었다"고 회고한 적이 있다. 이 전 의원은 그 날카로운 눈빛으로 사회를 직시하기 시작했다. 그리고 저항했다. 그의 변화에 세상은 모진 매질로 대응했다. 수배와 도피, 구속과 고문이 이어졌다. 1976년 간첩으로 몰려 대공분실에 끌려가 40일을 지냈고, 1979년 YWCA 사건이 일어났을 때도 또 한 번 붙들려가 고문을 당했다.

"1975년 1월 20일에 결혼했는데 2월 10일 날 구속됐어요. 풀려난 뒤에도 계속 도망 다니고 숨어 다니느라 집에 제대로 들어가지를 못했죠. 그 틈에 어떻게 아들 둘을 낳았는데 생각해보니 애들에게 남겨줄 게 없습디다. 언제 어떻게 될지 모르는 아버지지만, 그래도 내가 어떻게 살아왔는지, 사람답게 살기 위해 어떤 노력을 했는지는 알려주고 싶었어요."

도망 다니는 틈틈이 습자지에 편지 형식으로 글을 썼다. 이것이 1980년 출간돼 베스트셀러가 된 『어둠의 자식들』이다. 이 전 의원이 자신의 빈민운동 경험을 담아 쓴 다음 책 『꼬방동네 사람들』도 대히트를 쳤다. 그렇게 한때 뒷골목 건달이었던 청년은 베스트셀러 작가가 됐다. 인생의 전환점은 또 한 번 찾아왔다. 1988년 13대 국회의원 선거에서 평민당이 그를 도봉을 지역구에 공천한 것이다. 이 전 의원은 손수레에 책을 싣고 다니며 선거운동을 했고, 헌정 사상 최초의 장애인 지역구 국회의원이 됐다.

이후의 정치 역정에 대해서는 구태여 다루지 말기로 하자. 여러 언론에 보도됐듯 13대 임기가 끝난 뒤 그는 공천에서 탈락했고 무소속 출마했으나 낙선했다. 이후 몇 차례 정치적인 재기를 모색했으나 실패했다. 세상을 주유하며 희곡을 쓰고, 영화를 만들고, 음반을 제작해 콘서트 무대에 서고, 계속 책도 펴내며 그는 조금씩 정치권에서 멀어졌다.

생활 정치, 희망 디자인

"어느 순간 저절로 정치인의 꿈을 접게 됐어요. '이념의 시대는 끝났다, 독재 타도 시대도 끝났다, 이제는 진짜 전문가가 국회에 가야 하는 시대구나'라는 걸 깨달았지요. 하지만 정치를 그만둔 건 아니에요. 내가 선 자리에서, 내가 할 수 있는 정치는 계속 하고 있습니다."

빈민운동을 하며 마음에 품었던 생활 정치, 사람들을 행복하게 하고 세상을 바꾸는 길, 그것이 그에게는 역학이었다. 이 배경을 설명하려면 시간을 다시 1979년으로 되돌려야 한다. 당시 혹독한 고문으로 몸과 마음이 망가진 이 전 의원에게 고 문익환 목사가 웅담을 선물한 일이 있다. 캐나다 교포들이 문 목사를 위해 보낸 것에서 일부를 떼어 준 것이다. 벼랑 끝에서 밧줄이라도 잡는 심정으로 웅담을 받아먹었는데 놀랍게도 기력이 회복되기 시작했다. 이때부터 한의학의 신비함에 이끌려 침술, 뜸술을 배웠다. 관심은 자연스레 음양오행으로 이어졌고 오래전부터 호기심을 가진 역학 공부에도 빠져들었다. 스승을 따라다니며 배운 건 아니다. 그는 글쓰기도, 역학도, 심지어 정치도 뭐 하나 '배운 게 없다'고 했다.

"그런 식으로 누구한테 줄 서서 인정받는 거 별로예요. 누구 파다, 무슨 장르다 그런 거 자기들끼리 기득권 누리려고 하는 일 아닙니까? 열정을 다하면 혼자서도 충분히 할 수 있다고 생각해요, 저는."

책을 읽으며 사주를 파고들었다. 뭐든 한번 하면 끝장을 보는 성격이라 오랜 시간이 걸리지 않았다. 이 전 의원이 점을 볼 줄 안다는 소문이 돌자 사람들이 하나둘 그의 곁에 모여들기 시작했다. 당시 빈민 운동가들 사이에는 '일인일기(一人一技)'라는 원칙이 있었다. '각자 기술 하나씩은 갖고 민중을 만나자. 그들의 삶에 실질적인 도움을 주자'는 뜻이었다. 역학을 배우기 전까지, 이 전 의원의 '일기'는 이발이었다. 그러나 운명을 상담해주기 시작하자 머리를 깎아줄 때보다 훨씬 많은 이들이 그를 찾아왔다. 열에 다섯은 펑펑 울면서 마음의 상처를 털어냈다.

"흔히 세상에서 얘기하는 점을 봐준 건 아니에요. 그보다는 상담을 해줬다고 하는 게 맞을 겁니다. 당시 제 주위에 있던 사람은 다 지지리도 가난했거든요. 거기다 대고 '당신은 팔자가 나빠서 안 되겠어' 이럴 수는 없지 않습니까. '지금은 어렵지만 이렇게 이렇게 하면 좋아질거야. 희망을 가져'라고 말해줬지요. 신기한 게 그냥 '잘될 거다' 하면 안 믿는 사람들이 '당신 사주가 이렇다. 그러니 힘내라' 하면 믿는 겁니다. 그 믿음이 결국 일을 좋은 방향으로 이끌어주고요. 이게 바로 생활 정치 아닌가, 사람을 행복하게 하고 세상을 좋은 방향으로 만들어나가는 거 아닌가 하는 생각이 들었습니다."

기성 정치에서 한계를 느낄 무렵, 그때의 기억이 떠올랐다. '그게 진짜 정치였구나' 하는 깨달음에 무릎을 쳤다. '의원 나리' 대신 '점쟁이'가 되기로 마음먹은 이유다. 본격적으로 이 길에 들어서기로 마음먹으면서 그는 자신만의 분석 틀도 만들었다. 수천 년 전 농경시대에 만들어진 사주의 원리가 오늘날 그대로 적용될 수는 없다는 생각에서다.

심청이가 죽은 까닭은

그의 사주풀이 방식을 보자. 저자의 생년월일을 일러주자 그는 스스로 개발한 컴퓨터 시스템에 입력하더니 곧 "당신이 태어날 무렵 김영삼 씨는 신민당 총재직에서 사퇴했다. 미국에서는 카터가 39대 대통령에 당선됐고, 미국의 바이킹 1호가 화성에 착륙했다. 그해에 몬트리올 올림픽이 개막했으며, 아프리카에서는 이스라엘 특공대가 인질 구출 작전에 성공했다" 등의 사실을 알려줬다. 세계의 움직임이 개인의 삶에 미치는 영향을 종합적으로 분석해야 사주를 제대로 풀이할 수 있다는 설명이다.

"자, 심청이가 인당수에 빠진 이유를 분석해봅시다. 사주에 그렇게 나와 있기 때문에? 그건 아니죠. 나는 심청이를 죽인 건 공양미 300석을 가져오라며 혹세무민한 승려와, 자기 살겠다고 산 처녀를 물에 빠뜨린 비윤리적인 기업가, 그리고 시각장애인을 아무 보호 없이 방치한 당시의 사회 체제라고 생각합니다. 심청이의 운명은 개인의 사주만으로 결정되는 게 아니라는 말씀이에요. 그가 살고 있는 세상, 그를 둘러싼 환경을 함께 보지 않으면 해석이 안 되는 겁니다."

물론 사주도 영향을 미친다. 그에 따르면 사주는 혈액형이나 별자리 같은, 하나의 경향이다. 사람이 태어난 연, 월, 일, 시의 천체는 각각의 사람에게 특정한 기운을 준다. 이것을 읽는 것이 사주학이다. 이전 의원은 여기서 한 걸음 더 나아간다. 그는 국회에 있을 때 여러 경로를 통해서 약 8,000명의 환자 기록을 입수한 적이 있다. 이 중에 사주를 완벽하게 확보한 건 1,300건쯤 된다. 그 정보를 바탕으로 그는 특정 사주를 가진 사람이 특정 사건·사고·상황과 만나 어떤 질환을 갖게 되는지에 대한 자신만의 데이터베이스를 만들었다. 그는 이 자료를 기초로 사주를 보면 특정 인물이 향후 장애를 갖게 될지 등에 대한 경향성을 거의 맞힐 수 있다고 말했다.

"저는 사주가 통계학이라고 생각해요. 제 데이터베이스를 바탕으로 분석하면 기존의 사주만으로는 알 수 없는 정보를 더 얻게 되는 거지요. '통'을 연 뒤 상담을 한 사람들의 자료도 모두 함께 정리해 이미 3,000명 이상의 분석을 끝냈습니다."

여기에 그 사람을 둘러싼 정치·사회적 환경을 더해 미래를 점친다. 물론 이것이 영원불변하는 것은 아니다. 이 전 의원은 "사주는 바꿀 수 없지만, 미래는 바꿀 수 있다"고 말한다. 예로 드는 것이 일기예보다.

"비가 언제 올 거라는 걸 미리 알면 우산을 준비할 수 있습니다. 아예 집 밖으로 안 나가면 한 방울도 안 맞을 수도 있습니다. 사주도 마찬가지지요. 나와 같은 사주를 가진 사람이 10년 후에 당뇨나 성인병에 걸릴 가능성이 높다 하면 어떻게 하면 됩니까. 지금부터 식사량을 줄이고, 꼭꼭 씹어 먹고, 채식하면 돼요. 사주가 필요한 건 이렇게 미래를 관리하기 위해서인 거지요."

이 전 의원은 언동을 절제하고 분노를 절제하고 식탐을 절제하고 쾌락을 절제하면 모든 액운을 극복할 수 있다고 말한다. 절제, 즉 인간의 의지가 사주보다 한 차원 높은 경지라는 것이다. 그는 이 주장을 뒷받침하기 위해 일본의 역술가 미즈노 남보코에 대한 이야기를 꺼냈다. 남보코는 일찍이 죄를 짓고 교도소에 들어갔다가 18세에 출소했다. 앞날이 어찌 될까 싶어 역술인을 찾아갔더니 "칼에 찔려 죽거나 칼로 다른 사람을 찔러 죽일 운"이라는 답이 나왔다.

"남보코가 가만히 생각해보니 자기 미래가 너무 암울한 겁니다. 절에 찾아가 스님과 의논을 했지요. 그러자 스님은 앞으로 1년간 쌀을 먹지 말고 콩만 먹은 뒤 다시 찾아오라고 했답니다. 1년 후 어떻게 됐겠습니까. 다시 찾아간 남보코에게 스님은 '다 끝났다. 이제 너는 칼에 맞아 죽지도, 다른 사람을 찌른 탓에 죽게 되지도 않을 것'이라고 말했지요. 1년간 절제를 배운 덕에 남보코는 자신의 미래를 바꿀 수 있게 된 겁니다."

말에 멈춤이 없다. 다양한 예시를 들어가며 물 흐르듯 뽑아내는 언변이 기가 막힌다. 그는 빈민운동 시절 자신의 별명이 '구라'였다고 했다. 여전히 녹슬지 않은 '말발'은 지금 그를 찾아오는 이들의 답답한 현실을 달래주고, 미래를 열어주는 데 꽤 좋은 도구가 된다.

절제, 웃음, 보시

풍부한 경험, 뒷골목 건달부터 국회의원까지 두루 체험한 남다른 삶도 그가 역술가로 살아가는 데 든든한 자산이다. 이 전 의원은 "나는 신 내림 같은 건 믿지 않는다. 하지만 보통의 경우 방문객이 문지방을 넘기 전에 그 사람의 고민이 뭔지 다 알아차린다. 각계각층 수많은 사람을 만나 속 깊은 얘기를 해봤기 때문"이라고 했다. 장애인이자 빈민운동가로 살면서 극한의 고통을 경험해본 것도 힘이 된다. 딱한 이들의 사정을 누구보다 잘 알기에 그가 내놓는 해법은 늘 구체적이다.

"한번은 아이 둘을 키우는 돈 한 푼 없는 이혼녀가 찾아왔더군요. 사주를 보니 건강은 타고났어요. 바로 '다리가 불편한 나도 사는데 사지 육신 멀쩡한 당신이 왜 못 사느냐'고 했죠."

찾아온 이의 표정이 달라졌다.

"그 뒤엔 '사람 많은 곳에 가서 노점이라도 하라'고 했어요. 유치장에 한 50번 잡혀 들어갈 각오를 하라고, 유치장 들락날락하면 언론에 소문이 나고 그 다음에는 경찰도 함부로 못한다고 얘기했지요. 고개를 끄덕이며 돌아갑디다."

그는 이런 식으로 희망을 처방한다. 절제 혹은 의지와 더불어 그가 또 강조하는 것은 웃음과 보시다. 절제보다 힘이 있는 건 웃음이고, 웃음보다 더 강한 건 나눔이란다. 그에 따르면 늘 나누고, 웃고, 절제할 줄 아는 사람은 굳이 사주를 보지 않아도 원하는 대로 살 수 있다.

"육십갑자는 계속 돕니다. 사주가 나쁜 사람이라도 언젠가 한 번은 기회가 와요. 그때를 대비해 늘 준비하는 마음을 가져야 합니다. 저는 삼재에 든 사람에게 운동 열심히 하고 공부도 많이 해두라고 말 합니다. 지금은 아무것도 안 되죠. 하지만 그럼에도 준비를 해둬야 언젠가 기회가 찾아올 때 그걸 잡을 수 있어요."

이 전 의원도 늘 운동을 한다. 환갑이 넘은 나이지만 20대 못지않은 혈색과 체력을 유지하는 건 날마다 건강을 단련하기 때문이다. 그는 "손가락 두 개만으로 팔 굽혀 펴기도 거뜬히 한다"고 했다. 두 시간

넘게 이어진 인터뷰 내내 자세 한 번 흐트리지 않고 달변을 이어가는 모습만 봐도 체력이 어느정도인지 짐작이 갔다.

그리고 또 하나 그가 자신을 관리하는 방법은 컬러 테라피다. 이 전 의원은 색깔을 중요하게 생각한다. 사람마다 자신에게 맞는 색과 맞지 않는 색이 있는데, 맞는 색을 곁에 둘 경우 긍정적인 영향을 미쳐 삶의 기운을 바꿔준다는 주장이다. 그러고 보니 그가 입은 옷이 모두 청색 계열이라는 데 눈이 갔다. 그는 푸른색 셔츠에 푸른 니트를 받쳐 입고 푸른 머플러를 둘렀다. '통' 내부 인테리어 역시 온통 푸른색이다. 한쪽 벽을 가린 커튼도, 장식물도, 심지어 명함까지. 그는 베갯잇과 이불도 푸른 계열이라고 했다.

"제가 사주에 목(木) 기운이 약해요. 파란색을 곁에 두면서 그 부분을 보충하는 겁니다. 색깔은 힘을 갖고 있어요. 검은색은 빛을 흡수하고 흰색은 반사한다는 건 누구나 알고 있지 않습니까. 이런 색깔의 힘이 사람의 타고난 기질과 맞아 들어가도록 관리하면 건강도 기운도 좋아지는 거지요. 그래서 저는 사주를 볼 때면 늘 곁에 두면 좋은 색과 피해야 할 색을 일러줍니다."

희망의 근거

사주의 부족한 기운을 채워주는 그림을 그려주기도 한다. 이 전 의원이 바라는 건 사람들이 자신의 사주를 이해하고, 의지와 노력을 통해 바람직한 미래를 열어 나가는 것이다. 특히 자신과 같은 장애인들이 사주를 통해 새로운 미래를 찾게 된다면 더 바랄 게 없다고 했다.

낙선한 뒤 모든 공식적인 사회 활동을 접은 그가 유일하게 맡고 있는 직함은 사단법인 '장애인문화예술진흥개발원' 이사장이다. 장애인이기 때문에 더 열심히 살았고, 장애인임에도 행복하게 살기 위해 늘 노력해온 그에게 '장애인'이라는 정체성은 절대적이다. 그는 다른 장애인들이 자신을 보며 역학 공부에서 새로운 가능성을 발견하면 좋겠다고 했다.

"'통'을 열고 얼마 지나지 않아 할머니 한 분이 젊은 남자를 휠체어에 태운 채 데려오신 일이 있어요. 그 젊은이가 원래 스님이었는데 한 여자를 만나 파계한 상태라고 했습니다. 그러다가 교통사고를 당해 목 아래가 다 마비된 거죠. 그 분 질문이 딱 두 개였어요. '마누라가 도망가지 않겠나'와 '내가 앞으로 뭐 해먹고 살면 좋겠나'. 딱 보니 부인은 도망갈 사주더군요. 대신 본인 머리는 기가 막히게 좋았습니다. 만약 결혼하지 않았다면 큰스님으로 이름을 남길 만한 분이었죠. 그 분께 '마누라 걱정하지 말고 뭐 해먹고 살지만 걱정해라. 돈 있으면 마누라도 도망 안 간다'라고 했습니다. 그리고 사주 쪽으로 공부 하시도록 이끌었어요. 지금은 역학을 열심히 배우고 있습니다. 이 분같은 장애인에게 사주공부를 시켜서 창업의 기회를 주는 게 제 꿈입니다."

이 작업을 위한 첫 단계로 이 전 의원은 자신의 노하우를 집대성한 역학 교재를 쓰고 있다. 그는 "교육생은 엄격하게 뽑을 생각이다. 장애인이 제 힘으로 일을 하고 세금도 낼 수 있게 만드는 방법으로만 활용할 생각"이라고 했다.

'크리스천이 웬 사주?'라고 하는 사람을 만나도 당당할 수 있는 건 세상에 희망을 확산시키고 있다고 믿기 때문이다.

"60여 년 살아오면서 밑바닥부터 꼭대기까지 수많은 사람을 만났어요. 이제는 저 밑에서 저 위까지 희망 없이 사는 사람을 찾아내 희망을 안겨주고 싶습니다. 그게 국회에서 하는 것보다 훨씬 아름답고 의미있는 정치 아닙니까?"

'통'은 인터뷰 후 얼마 지나지 않아 안국동에서 삼청동으로 이사를 갔다. 서울 도심과 사뭇 다른 분위기인 삼청동에서도 유난히 고즈넉한 곳, 서울에 이런 곳도 있나 싶을 정도로 걸어 걸어 들어가야 하는 깊숙한 곳에 산중 암자처럼 자리 잡았다. 진짜 아픔을 겪는 사람들, 그러나 그 앞에서 좌절하지 않고 어떻게든 이겨낼 의지를 가진 사람들만 '통' 문을 두드리도록 하기 위해서다. "정해진 운명은 있다. 하지만 사람의 힘으로 바꿀 수 없는 건 없다"고 말하는 역술가 이 전 의원의 '희망 만들기'가 그곳에서 꽃필 수 있을지 궁금해진다.

해보기 전에
겁내지 말 것

       이철용 전 의원은 자신감이 넘쳐 보였다. 어떤 질문을 하든 몇 초 이상 시간을 끄는 법이 없었다. 스스로 '구라'라고 칭하는 탁월한 언변으로 다양한 주제 사이를 종횡무진 뛰어다녔다.

  일상에서도 거침이 없다. 두 다리가 편치 않지만, 못 가는 곳도 없다. 이 전 의원의 역술원 '통'이 삼청동 골짜기에 자리 잡은 것만 봐도 알 수 있다. 마을버스 종점에서도 한참을 걸어 들어가야 하는 곳, 걷다 보면 일반인도 숨이 차는 그 길을 지체장애 3급인 그는 무시로 걸어 다닌다.

  이 전 의원은 진짜 힘든 사람들, 그럼에도 고통 앞에서 좌절하지 않고 어떻게든 이겨낼 의지를 가진 사람들만 '통' 문을 두드리면 좋겠다고 했다. 그들과 함께 대화를 나누며 희망의 길을 찾고 싶다고 했다. 그러기 위해 스스로 깊숙한 곳에 터를 잡았다.

'통'으로 향하는 좁은 골목길을 걸으며, 자신을 찾는 이들에게 곧잘 "다리가 불편한 나도 사는데 사지육신 멀쩡한 당신이 왜 못사느냐"고 묻는다는 그의 이야기를 떠올렸다.

'이래서 안 돼' '저래서 못 해' 생각했다면, 지체장애인인 그가 억센 구두닦이 세계에서 대장이 되는 건 애당초 불가능했을 것이다. 불편한 몸으로 도피 생활을 하며 빈민운동을 이어가지도 못했을 게다. 초등학교만 졸업한 사실상 무학의 학력으로 베스트셀러 작가가 되는 것 역시 꿈이나 꿀 일인가. 그러나 그는 모두 해냈다. 어떤 것도 두려워하지 않았기 때문이다.

어린 시절 그를 위해 한의원집 대문을 부숴버린 어머니는, 세상에 대한 그의 두려움도 함께 부숴주었다. 지레 겁먹지 않으면 세상 누구도 자신을 무시할 수 없음을, 이 전 의원은 그날 알았다. 그래서 다른 이들이 불편한 걸음걸이를 힐끗대도 아랑곳하지 않고 걸었고, 틀린 맞춤법과 삐뚤빼뚤한 서체를 부끄러워하지 않고 글을 썼다. 그것이 그에게 새로운 삶과 가능성을 열어주었다. "역학을 공부하면 할수록 인간의 의지가 얼마나 중요한지 깨닫게 된다"는 이 전 의원의 말은 그의 삶에 고스란히 적용된다.

"나 같은 사람도 사는데 왜 못 사느냐는 거지요."

그는 여러 번 이렇게 말했다. 이 말에 위로를 얻는 이가 많을 것 같다. 전직 국회의원이면서, 게다가 크리스천이면서 역술원을 통해 '생활 정치' 를 하겠다고 말하는 당당함, 그 두려움 없음에 그가 열어젖힌 새로운 삶 의 궤도가 있다.

프로 '삶꾼'

임 성 빈

명지대 교통공학과
명예교수

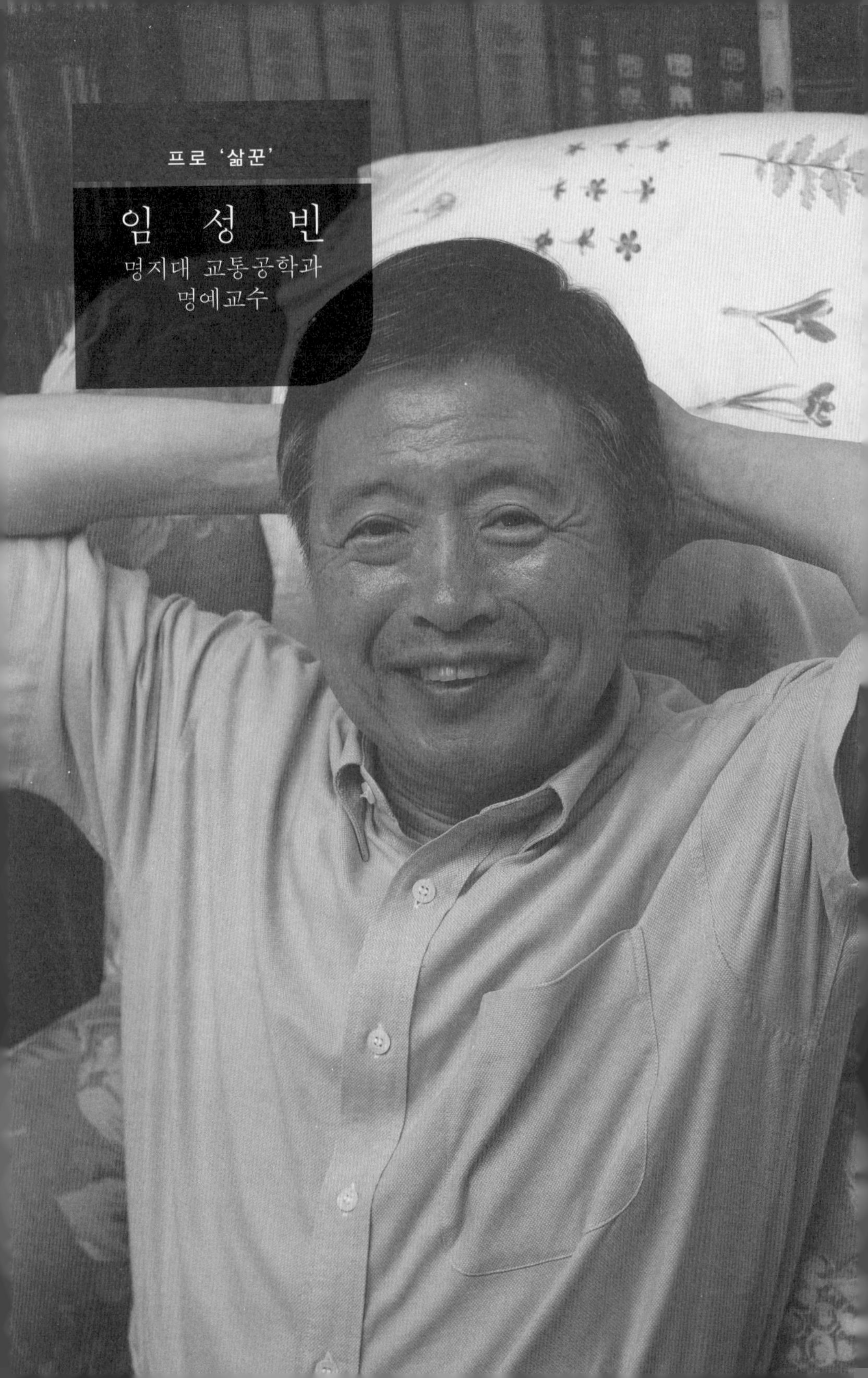

임성빈(67) 명지대 명예교수는 나이를 짐작하기 어려운 사람이다. 장난꾸러기처럼 반짝이는 눈매에는 호기심이 가득하다. 목소리에서는 생동감이 넘쳐흐른다. 잠시만 마주 앉아 있어도 느끼게 된다. 이 사람은 사는 게 참 재미있구나!

그가 지금껏 가졌던 수많은 직함만 봐도 짐작할 수 있다. 간단히 한번 훑어보자. 일단 직업은 2009년 8월까지 명지대 교통공학과 교수였다. 정년퇴임한 지금은 같은 대학 명예교수다. 동시에 그는 한국정신과학학회장, 한국바둑학회장, 서울우슈(武術)협회장, 민중의술(醫術)살리기 서울·경기연합회장, 한국한의학연구소 자문위원, 홍익생명사랑회장 등을 역임했거나, 현재도 맡고 있다.

태권도를 비공인 4단까지 수련했고, 우슈를 배워 무술경기지도자 2급 자격증을 받았으며, 기공을 익혔고, 침술 실력은 연탄가스 중독으로 사경을 헤매던 아내를 구한 정도다. 단소 명인 김중섭 선생에게 단소를, 원광대 임재심 교수에게 가야금을 배웠다. 한때 명상에 심취해 단학선원 법사 자격증도 받았다. 잡기에도 능하다. 당구 300에 바둑 아마 5단, 마작·홀라도 웬만해서는 지지 않는 수준급이다. 등산광(狂)이기도 해서 특별한 약속이 없는 한 주말마다 산에 오른다. 주중에도 한두 번쯤은 산행에 나선다. 자주 다니다보니 등산을 더 재밌게 할 방법도 찾았다. 뜻 맞는 지인들과 '100산회'라는 모임을 꾸린 것. 전국의 새로운 산 100개를 등정할 때까지 같은 산에 두 번 오르지 말자는 뜻의 이름이다.

"우리나라에 산이 얼마나 많아요. 이 산 저 산 다녀봐야 좋은 산도 알게 되죠. 100산을 차례로 오르는 동안 정말 재밌었습니다. 지금은 이미 다 올랐고 그중 좋은 산을 골라 다니죠."

너털웃음 짓는 눈매가 선하게 휘어진다.

그렇다면 잡기에 빠져 본업은 등한시한 교수였는가. 그것도 아니다. 한국과학기술한림원 정회원을 지낸 그는 사단법인 한국교통문제연구원장, 국무총리실 정책평가 자문위원과 대통령비서실 사회간접자본 투자기획단 자문위원 등을 역임한 저명학자다. 명지대 안에서도 공과대학장, 교통관광대학원장, 문화예술대학원장, 법인기획위원장 등을 지냈다. 세계 3대 인명사전으로 꼽히는 마르퀴즈 후즈 후, 케임브리지 국제인명센터, 미국 인명연구소에 모두 등재됐을 만큼 국제적으로도 인정받는다. 요즘은 정신과학에 심취해 우주의 시작부터 인류의 미래까지 통찰하는 연구에 푹 빠져 있다.

진정한 행복

　경기도 용인시 처인구 양지면 임 교수의 자택으로 찾아갔다. 아, 그는 2003년 12월, 이곳에 살 집을 직접 지었다. 세상에 하나뿐인 독특한 집이다.

　"토목공학을 전공해서 기본은 알았어요. 책 좀 보고 연구 좀 해서 내가 살고 싶은 대로 만들었죠. 일단 1층엔 문이 하나도 없습니다. 식구끼리 사는데 문 달아둘 필요 없잖아요. 콘센트는 110V용, 220V용 둘 다 만들고, 전기선은 바닥 아래로 다 묻었어요. 앞뜰에는 메밀꽃 심고, 그 옆에 조그맣게 테라스도 만들었습니다. 재산 가치는 높지 않지만 근사하지 않아요?"

　뭐든 하고 싶으면 하는 사람이다. 앞서 언급한 수많은 관심 분야도 그렇게 하나하나 익혀나갔을 게다. 주위 사람들은 이런 그를 보고 "참 하고 싶은 게 많은가 보다"라고 한다.

　그러나 사실 임 교수의 관심사는 딱 하나다. 행복. 그는 사춘기 때부터 늘 '어떻게 살아야 행복할까, 뭐가 진정한 행복일까' 하는 질문을 품고 살았다고 했다.

　"아버지가 경기고, 서울대를 나오셨어요. 정말 뛰어난 분이셨죠. 그런데 행복했느냐 하면 전혀 아니거든요. 그 시대에는 돈 잘 벌고 출세하는 걸 성공으로 여겼잖아요. 아버지는 그게 안 되셨어요. 제가 5남매 중 장남인데, 생각할수록 내 미래가 암울한 겁니다. 나보다 훨씬 잘난 우리 아버지도 성공을 못한다, 그러면 나는 대체 어떻게 살아야 하나. 일찍부터 그 고민을 했던 겁니다."

임 교수에 따르면 그의 아버지는 5·16 직후 '혁명정부'의 상역담당 차관보로 발탁돼 우리나라 수출 정책을 입안한 인물이다. 그러나 박정희 전 대통령이 민정 이양 약속을 깨고 직접 대권에 도전하는 걸 본 뒤 자리를 던져버렸다. 이후 스트레스성 질환으로 사경을 헤맸고, 간신히 건강을 회복한 뒤에도 손대는 사업마다 번번이 실패했다.

아버지의 뒤를 이어 경기고에 진학한 임 교수는 한 시간 넘게 걸리는 등하굣길을 걸어서 오가며 늘 행복에 대해 고민했다고 한다. 그때 문득 예술인의 삶이 뇌리를 스쳤다. 음악에 미친 사람, 연극에 미친 사람. 돈도 못 벌고 사회적으로 대우받지도 못하는데 미친 듯 행복해하는 사람들. 경기고 출신 엘리트가 이른바 잡기(雜技)에 빠져든 건 그때부터다.

처음 익힌 건 국악이었다. 음악 하는 행복이 뭔지 알고 싶은 욕심에 무작정 국립국악원을 찾았다. 복사기가 없던 시절이라 악보를 하나하나 필사한 뒤 한없이 반복 연습하며 연주법을 익혔다. 예인(藝人)들의 삶에 매료돼 음반과 영화 비디오테이프도 수집하기 시작했다.

임 교수의 자택 1층 서재는 그의 관심 이력을 보여주는 '여러문제연구소'다. 직접 설계한 세 겹의 슬라이딩 책장에는 수천 장의 DVD와 CD가 빽빽이 꽂혀 있었다. 한쪽 코너에는 그가 한 자 한 자 옮겨 적은 한문 단소 악보가 있고, 다른 책장 속에는 침술을 익히는 데 썼을 법한 인체 모형과 한의학 서적들이 모여 있다.

"국악에 빠지면서 우리 것 전반에 관심을 갖게 됐어요. 역학과 무속 같은 것들에도 조금씩 빠져 들었죠. 마침 제가 사는 동네에 사주의 대가가 한 분 계셔서 그분께 참 많이 배웠습니다. 그분의 사주 작명소가 있던 건물 1층은 한의원이라 거기도 자주 갔어요. 내기 장기나 바둑을 두고 술을 마시며 한의학에 대해 주워들었지요."

■ 의술과 비기

한참 이곳저곳 관심을 키워갈 무렵 신문에서 기공 수련에 대한 광고를 봤다. 호기심에 발을 들였다. 동래 신선문(神仙門)의 내가기공(內家氣功)이었다. 동시에 침술도 배웠다. 지금은 홍익대 교수가 된 한 후배가 '침술이 아주 신기하더라'며 권한 게 계기였다. 소악 이주송 선생의 팔상체질침을 배우며 자연스레 한의학의 기본 원리와 사상 처방을 익혔다. 그 사이 서울대 공대를 졸업하고 대학원에까지 진학했지만, 바쁜 공부 시간을 쪼개 음악과 의술, 각종 비기(秘技)를 탐구하는 것은 멈추지 않았다. 그의 이런 개성이 세상에 알려진 건 우연한 사건 때문이다.

"대학원 다니면서 시간 강사로 일도 했어요. 어느 날 수업을 시작하려는데 학생 한 명이 강의실에 슬리퍼를 신고 들어오는 겁니다. 예의가 없다고 야단쳤더니 발등에 혹이 나서 구두를 못 신는다더군요. 병원에 갔는데 수술해도 재발할 수 있다며 당분간 두고 보자고 했다는 겁니다. 이걸 침으로 고쳐보면 어떨까 하는 생각이 들었지요."

'누굴 죽이려고 하느냐'며 펄쩍 뛰는 제자를 어르고 달래 침을 놓았다. 그런데 바늘이 들어가는 순간 그만 학생이 눈을 뒤집으며 졸도해

버리는 게 아닌가. 근육이 경직돼 넣은 침을 뽑을 수도 없었다. 얼마가 지난 후 학생이 큰 숨을 내쉬며 의식을 찾은 뒤에야 임 교수도 비로소 숨을 쉴 수 있었다. 무모한 첫 실험은 그렇게 마무리되는 듯했다. 하지만 일주일 뒤 그 학생의 발에서 혹이 사라진 게 확인되면서 이 '난리'는 끝이 아닌 시작이 됐다. 소문은 금세 퍼졌고 그는 순식간에 침술의 달인으로 유명세를 얻었다.

"한번은 후배 부인이 입덧이 심해 음식 냄새도 못 맡을 정도로 고생한다고 해서 침을 놓아줬어요. 그런데 일주일 뒤 다시 한 번 놓아달라는 겁니다. 침을 맞은 뒤 식욕이 너무 돌아서 과식을 했다고요. 제 침술이 대충 그런 수준이었습니다."

집에까지 환자들이 찾아오기 시작했다. 지압 같은 수기요법(手技療法)을 익히자 의술은 더욱 신출귀몰해졌다. 하지만 그는 남몰래 속앓이를 해야 했다. 환자가 올 때마다 상황에 맞는 침술을 공부하느라 진이 빠진 것이다. 행복하게 살기 위해 시작한 일이 고행이 된 느낌이었다. 그러던 어느 날 아내가 연탄가스 중독으로 빈사상태에 빠지는 일이 생겼다. 아는 비기를 총동원해 아내를 살린 뒤 그는 "침을 배워 아내를 살렸으면 그걸로 족한 것 아니냐. 더 이상 뭘 바라겠느냐" 선언하고 다시는 침을 놓지 않았다.

 식사 대신 음주

과학과 비과학을 넘나들고, 예악과 비술에 통달한 그에게 선 조선시대 도사의 풍모가 풍긴다. 남다른 주도(酒道)를 봐도 그렇다. 그는 지난 30년간 매일 저녁 한 끼는 밥 대신 술로 해결해왔다. 술을 매일 마신 건 어린 시절부터지만, 그전엔 일반인처럼 식사를 먼저 한 뒤 술을 들었다.

"마흔 살이 되면서 갑자기 살이 많이 쪘어요. 체중 조절 때문에 밥과 술 중 하나를 선택해야 하는 상황에 놓인 겁니다. 그렇다면 당연히 술이었지요."

밥은 아침 한 끼만 먹고 점심은 굶었다. 저녁은 소주 한 병을 기본으로 삼았다. 안주는 볶은 콩과 황태채 등 가벼운 것만 곁들이고, 취기가 덜 오르면 맥주 2~3캔을 보태 마셨다. 처음엔 이 정도로 충분했다. 그런데 소주의 도수가 점점 낮아지면서 문제가 생겼다. 맥주로는 감당할 수 없는 지경이 된 것이다. 도리 없이 소주 두 병을 기본으로 올렸다.

아, 미리 밝혀둘 게 있다. 이 '정량 원칙'은 집에서 저녁을 먹을 때만 적용됐다. 밖에서는 두주불사(斗酒不辭), 양껏 마셨으니까. 문장이 과거형인 이유는 3년 전부터 주종을 막걸리로 바꿨다가 지금은 되도록 집에서는 자제하려고 노력중이기 때문이다.

"언제부턴가 바둑을 두면 자꾸 지는 겁니다. 평생 자신 있던 게 안 되니 왜 이러나 싶더군요. 저녁을 거르며 매일 소주를 두 병씩 마셔서 그런가 싶어 그만뒀더니 확실히 훨씬 좋습디다."

역시 전제가 있다. '집에서는'. 저녁 약속이 있는 날이면 그는 여전히 술을 마신다. 그것도 제법 많이 마신다. 건강을 위해 하는 일은 안

주를 조금만 들고, 주종은 되도록 막걸리로 한정하는 것 정도다. 막걸리가 웰빙식품으로 알려진 뒤부터 선견지명 있다는 소리를 자주 든는다고 했다.

■ 어디서 왔는가, 어디로 가는가

연세가 드시면 아무래도 주량이 줄지 않느냐고 물었다. 이제껏 술에 취해 실수한 적은 없다는 답이 돌아왔다. 더불어 맨 정신으로 선경(仙境)을 본 이야기를 풀어놓는다. 취하지 않고도 천상을 만날 수 있으니, 취하기 위해 술을 마시는 것은 아니라는 설명으로 들렸다.

그는 소설 『단』이 화제를 모으던 무렵부터 명상 수련을 시작했다. '저건 뭘까. 하면 재미있을까' 하는 예의 호기심에서 시작한 일이다. 수련단체에 가입해 호흡과 명상을 익힌 지 얼마 지나지 않아 뭐라 설명하기 어려운, 놀라운 체험이 찾아왔다. 밥을 먹지 않아도 기운이 넘치고, 추위를 타지 않게 됐다. 정원의 꽃 냄새가 생생하게 살아나고, 세상이 환한 빛으로 가득했다. 주변 모든 것이 한없이 아름다워, 신비의 세계 '샹그릴라'가 바로 여기구나 싶었다.

"가장 친한 친구한테도 말 못할 신비한 능력도 생겼어요. 숨을 들이쉬면 끝없이 숨이 들어갑디다. 내쉬면 또 끝없이 나와요. 아예 안 쉬어보면 어떨까 싶어 해봤는데 그래도 괜찮더군요. 내 몸이 이 세계를 벗어나 있는 느낌이었어요. 육신이 의미 없는 차원에 있었던 건지도 모르지요. 이 정도만 얘기합시다."

그가 '오프 더 레코드'를 전제로 들려준 이야기는 일종의 종교 체험 같았다. 각종 경전에 등장하는 '놀라운 능력'이 현실로 다가왔다. 처음엔 말할 수 없이 행복했다. 하지만 곧 불행해졌다. 그 행복한 세계에 혼자만 있다는 사실 때문이었다. 가족도 친구도 모두 저 멀리, 아예 다른 차원에 있는 것만 같았다.

괴리감을 극복할 방법이 없었다.

"사랑하는 사람들을 내가 있는 세계로 끌어올릴 것인지 아니면 내가 내려갈 것인지 고민했지요. 그런데 그 많은 이를 모두 내 차원으로 불러올리는 건 불가능했어요."

"아무리 샹그릴라라고 해도 나 혼자 있으면 무슨 소용이냐" 깨달음을 얻은 그는 수련을 중단했다. 대신 주위 사람들의 눈높이에서 그들에게 다른 세계를 안내하는 가이드 노릇을 하기로 마음먹었다. 지금도 건강관리를 위해 종종 호흡과 명상을 하기는 하지만, 결코 수행의 단계에 들지는 않는다. 대신 자신의 경험을 이론적으로 정리해나갔다. 천지창조, 진화, 빅뱅, 외계인 등에 대한 관심과 연구는 여기서부터 시작됐다.

사실 임 교수는 젊은 시절 심령학자 안동민 씨의 책에 매료돼 그 분야에 관심을 두고 공부한 적이 있다. 12권으로 구성된 『미래의 유산』 시리즈와 에리히 폰 대니켄의 『신들의 수수께끼』 등을 읽고 그때껏 상상도 못한 비밀이 숨어 있는 인류의 고대사에 관심을 뒀다. 미국 신과학(New age science) 운동의 선구자인 버클리대 프리초프 카프라 교수의 『현대물리학과 동양사상(The Tao Of Physics)』에 감화 받아 동양고전과 현대물리학에 대해 공부하기도 했다. 샹그릴라 체험은 그의 이런 관심에 불을 붙였다.

"폴 고갱이 1897년 그린 「우리는 어디서 왔으며, 우리는 무엇이며, 어디로 가는가」라는 작품을 아시죠? 이 질문에 대한 답을 찾는 건 인류의 오랜 숙제입니다. 과학이 그에 대한 답을 줄 수 없다면 무슨 의미가 있겠어요."

하고 싶은 일에 빠지고, 한번 시작하면 경지에 오르는 그의 장기는 이번에도 유감없이 발휘됐다. 그의 이야기를 따라가보자. 우선 '우리는 어디서 왔는가.' 그는 답한다.

"현대과학은 지금 우리가 속한 우주의 나이가 대략 137억 년이며 이것은 거대한 폭발(빅뱅)로부터 비롯됐다고 말합니다. 우주의 모든 것은 물론 시간과 공간까지 이로부터 비롯됐지요. 우주는 지금도 팽창을 계속하고 있어요. 그러면 팽창하는 우주 밖의 공간은 무엇이며 대폭발 이전에는 무엇이 존재했나. 공간은 대폭발로 말미암아 생긴 것이므로, 그외엔 공간이라는 것이 없지요. 당연히 밖이라는 것도 있을 수 없습니다. 시간도 대폭발 때 생긴 것이니 그전에는 시간이 없어요. 당연히 전이라는 것도 있을 수 없지요. 빅뱅에서 모든 것이, 현재 과학의 답은 그것입니다."

그렇다면 '우리는 무엇인가.'

"빅뱅 이후 지구에 원시적인 포유류가 등장한 것은 약 2억 년 전이고 상당히 진화한 포유류가 나타난 것은 약 5,000만 년 전인 것으로 알려져 있습니다. 인류의 먼 조상으로 볼 수 있는 소위 유인원이 등장한 것은 대략 700만 년 전이지요. 이들이 진화를 거듭해 지금으로부터 약 25만 년 전 네안데르탈인이 나타났습니다. 이들은 불과 석기, 골기 등을 사용하는 등 동물이나 다른 영장류와 구별되는 인류로서의 특성을 갖췄던 것으로 알려져 있습니다. 그러나 자연을 이용하고 적응하는 능력이 있을 뿐 이들이 현대 인류의 직접적인 조상은 아니라는 게 밝혀졌어요. 현대 인류, 즉 호모 사피엔스의 등장은 진화론이나 인류학에서 큰 불가사의입니다. 약 13만년 전 아프리카의 에티오피아 부근에 등장했는데, 수백 만 년간 이뤄진 그 어떤 진화보다 훨씬 더 큰 진화를 이룬 모습이었으니까요. 인류학에서는 이 지점을 '잃어버린 연결 고리(missing link)'라고 부릅니다. 이 의문을 풀기 위해 여러 학설이 나왔는데 개인적으로는 외계인 개입설이 가장 설득력 있게 느껴져요."

■ 현대 과학을 넘어

여기서 잠깐 설명을 끊어야겠다. 인류의 진화에 '외계인'이 개입했다는 말은 아무래도 허무맹랑하지 않은가. 그는 국내 유명 사립대의 공과대 학장을 지낸 정통 과학자다.

"그렇게 딱 잘라 설명하면 어색할 수 있지요. 하지만 진화는 수만 년에 걸쳐 이뤄졌습니다. 그 과정에 외계인이 개입했을 가능성이 있다는 말씀입니다. 스위스 출신 고고학자 에리히 폰 대니켄의 주장인데요. 대니켄은 창세기를 비롯한 여러 민족의 신화에 등장하는 신은 모두 외계인이며 현 인류는 지구상의 원시 인류를 생물학적으로 개조하거나 외계인과의 혼혈에 의해 탄생했다고 주장했습니다. 한 집단의 외계인이 아니라 각기 다른 여러 집단의 외계인이 찾아옴으로써 여러 민족이 생겼고 그들이 전수한 문명이 인류의 고대 문명이라는 거죠. 저는 '잃어버린 연결 고리'를 볼 때 이 가설이 가장 설득력 있다고 봐요."

임 교수에 따르면 태양계가 속한 은하 우주에만 태양 같은 행성이 약 1,000억 개 존재한다. 그 중 상당수가 행성을 거느리고 있고, 그런 은하집단이 현재까지 관찰된 것만 2,000억 개에 이른다. 지구와 비슷한 조건을 가진 행성은 수없이 많다는 얘기다.

"한 가지 더 생각할 건 우주의 나이가 약 137억 년이라는 겁니다. 반면 지구의 나이는 46억 년에 불과해요. 지구보다 수억 년 또는 수십억 년 먼저 생긴 행성도 상당수 있을 것이고, 그곳에서도 얼마든지 생명체가 등장하고 진화할 수 있었을 거예요. 지구에서 원시 인류가 네안데르탈인까지 진화하는 데 약 700만 년이 걸렸습니다. 그로부터 현대 인류까지 자연 진화하는 데는 수천만 년, 수억 년 또는 수십억 년이 소요될 수 있어요. 우주에는 그만한 시간적인 여유를 가진 행성이 얼마든지 있지요. 그곳의 생명체가 지구로 건너왔다면, 이상합니까."

임 교수는 1990년 국내에 번역 출간된『그대, 반짝이는 별을 보거든』이라는 책을 소개했다. 스위스의 한 농부가 약 50년에 걸쳐 외계인과 접촉한 경험을 쓴 책이다. 지구보다 훨씬 앞선 문명을 가진 플레이아데스라는 별에서 온 외계인은 이 농부에게 인류의 기원과 우주의 역사에 관한 내용을 들려줬다. 임 교수가 소개한 가설과 거의 일치하는 내용이다. 그걸 믿을지 말지는 어차피 개인의 선택이다. 다만 그는 이런 책들을 통해 샹그릴라 체험의 답을 찾아나갔을 뿐이다. 그가 던진 세 질문 중 마지막 질문이 남았다. 그렇다면 우리는 어디로 가는가.

"천재 물리학자 스티브 호킹은 우주가 11차원으로 이뤄져 있다고 말했습니다. 현재 인류가 있는 곳은 그중에서 본능적 정신체의 인간들이 지배하는, 인간계 중에서도 제일 바닥인 4차원 세계지요. 이제 우리는 지적 정신체의 인간이 지배하는 5차원 세상으로 진화해야 해요. 그곳은 대립과 갈등이 아니라 조화와 공존의 원리가 작동하는 세계입니다. 폭력과 전쟁이 없고, 더불어 사는 사회입니다."

그의 이야기는 정통 물리학 이론과 철학, '비과학'으로 치부되는 주장 사이를 자유롭게 오갔다.

"중국 기공사들이 가장 기본적으로 하는 기술이 알약 병을 열지 않고 약을 뺐다가 다시 넣는 것입니다. 우리가 아는 과학의 눈으로 볼 때 이건 불가능해요. 하지만 눈속임이 아닌 현실로 벌어지는 일입니다. 그렇다면 '저건 과학이 아니다'라고 외면하는 게 맞을까요, 아니면 어떻게 그런 일이 가능한지 설명하는 방법을 찾는 게 맞을까요."

사는 데 프로다

임 교수는 "코페르니쿠스가 지동설을 발표하기 전까지 지구상의 어느 누구도 땅이 움직일 것이라고 생각지 않았다. 자신이 믿는 게 과학이고 진실이라 여겼지만, 이제는 과학의 기본이 완전히 달라졌다. 우리가 지금 믿는 과학이 아니면 전부 비과학이라고 생각하는 패러다임을 바꿔야 한다"고 했다.

"우리가 널리 활용하고 있는 전자기파를 봅시다. 초장파(VLF)부터 장파(LF), 중파(MF), 단파(HF), 초단파(VHF), 극초단파(UHF), 센티파(SHF), 밀리파(EHF)에 이르기까지 무선용 전파만 해도 다양합니다. 적외선, 가시광선, 자외선에 의료용으로 쓰이는 X선까지 엄청나게 넓은 스펙트럼을 갖고 있지요. 하지만 불과 100여 년 전까지만 해도 인류는 이 중 극히 일부에 불과한 가시광선의 세계 속에서만 살아왔어요. 지금 우리도 우리를 둘러싸고 있는 11차원의 세계를 보지 못하고, 일부에 불과한 4차원이 전부인 줄 안 채 살고 있는 건지도 모릅니다."

인간과 우주의 신비를 파고드는 건 그의 현재 관심사다. 지금껏 수많은 취미에 몰두해왔듯 그는 이 연구 속에서 또 다른 '행복'을 찾고 있다. 2007년 그동안의 연구 성과를 모아 펴낸 『빛의 환타지아』는 그해 한국과학문화재단이 선정한 우수과학도서에 뽑히기도 했다.

그의 정년퇴임을 축하하며 후배들이 기념문집을 만들어준다고 했을 때 임 교수는 표지 글씨를 '停年 기념'에서 '定年 기념'으로 바꿨다. 시간이 정(定)해져서 학교를 떠날 뿐, 멈추지는(停) 않겠다는 의미다. 그런 그를 지인들은 '괴짜' 또는 '기인'이라고 부른다. 임 교수는 "앞에서는 그렇게 얘기하지만 뒤에서는 '미친놈'이라고 할지도 모른다"면서 껄껄 웃었다.

"도대체 왜 그렇게 잠시도 가만히 있지 않느냐고 누가 물으면, 행복하고 재밌게 살기 위해서라고 얘기합니다. 제 전공은 사는 거예요. 교통공학이요? 나보나 잘하는 분이 세상에 많을 겁니다. 우슈니 바둑, 침술은? 더 많겠죠. 하지만 나보다 즐겁게 사는 사람은 별로 없을 거예요. 나는 사는 것에서만큼은 프로페셔널이라고 자부해요."

임 교수는 '꾼'이라는 단어를 좋아한다. '프로페셔널'을 우리말로 바꾼 것이다. 그는 "소리꾼, 노름꾼이라는 말이 있지 않으냐, 나는 무슨 일을 하든 '꾼'의 자세로 덤벼든다"고 했다. 대충 하다 말 일이라면 아예 시작을 않고 일단 손을 대면 끝을 본다. 그가 스스로 붙인 자신의 별명은 '삶꾼', 삶을 '꾼'의 자세로 살아가기 때문이란다.

"사람들은 나이가 들면 스스로 자신의 삶을 규정지어버려요. 나는 이게 취미야, 이게 내 전공이야. 그러다보니 저절로 또 다른 즐거움을 포기하게 되고 말지요. 저는 그러지 않습니다. 봄에는 꽃을 보고, 가을에는 단풍을 보며 세상 모든 것을 즐기려 합니다. 돈이나 출세에 대한 욕심이 없으니 하고 싶은 일에 쓸 시간이 많아요. 앞으로도 계속 재밌는 일 행복하게 몰두하며 살아갈 겁니다."

활짝 웃는 얼굴이 다시 봐도 청년 같다. 지루하지 않게 끝없이 새로운 화제를 끌어내는 것을 봐도 그렇다.

그가 가장 좋아하는 막걸리를 앞에 놓고 다시 마주 앉았다. 자리를 옮겨가며 술잔을 나누는 동안 밤이 깊어갔지만 그는 취하지 않았다. 이야기도 끊이지 않았다. 좋은 게 많아서 행복한 사람, 임성빈이다.

남들이 정해놓은
경계를 넘어설 것

임성빈 교수가 들려준 일화가 하나 있다. 몇 해 전 아내와 나눴다는 대화의 한토막이다.

"여보, 저 냉장고 말이야. 아무래도 바꿔야겠어. 15년이나 썼더니 자꾸 말썽을 부리네."

"아니, 그게 무슨 소리야. 30년 된 마누라도 안 바꾸는데 겨우 15년 된 냉장고를 바꾸자고? 이 집에서 가장 낡고 오래된 건 당신과 나야."

그는 이 이야기를 들려주며 껄껄 웃었다. 마주 보며 함께 웃었다.

임 교수는 웃음이 끊이지 않는 사람이다. 스스로 '낡고 오래됐다'고 말하지만 장난기 가득한 표정과 웃음코드는 여전히 젊은이 못지않다. 그와 고등학교 시절 동아리에서 만나 결혼한 아내 백경희 씨도 마찬가지다. 백 씨는 임 교수가 직접 지은 목조주택 앞 뜰에서 꽃을 가꾼다. 식탁을 차릴 때마다 이 꽃들로 접시를 장식하곤 한다. 마치 10대 소년소녀처럼 이들 부부는 삶의 순간순간을 즐기고, 그 안에서 행복을 찾아내는 듯 보였다. 환갑을 넘은 나이에도 여전히 젊고 활력이 넘치는 것은 그 때문일 것이다.

그의 강점은 또 하나 있다. '무애(無碍)'라는 호에 걸맞게, 어떤 것에도 한계를 짓지 않는다는 점이다.

"보통 사람들은 지식을 자연과학, 인문과학으로 나눠 배웁니다. 자연과학도 물리학·화학·생물학·지구과학 등으로 구분하려 합니다. 그런데 우리가 음식을 먹을 때 탄수화물·지방·단백질·무기물로 구분해 섭취합니까. 자연식품에는 이들 필수영양소에는 포함돼 있지 않지만 우리 몸에 꼭 필요한 성분이 함유돼 있잖아요. 지식도, 삶도 마찬가지입니다. 특정 분야의 경계에서 벗어나면 훨씬 풍요롭게 많은 것을 얻을 수 있습니다."

그래서 그는 자신의 전공을 '사는 것'이라고 말한다.

임 교수가 펴낸 『빛의 환타지아』에도 이런 특성이 고스란히 담겨 있다. 그가 5년 여에 걸쳐 집필한 700여 쪽 두께의 이 책에는 우주의 시작부터 지구의 탄생, 인류의 등장과 현대 문명에 이르기까지 여러 학문 분야를 아우르는 방대한 지식이 집대성돼 있다. 자연과학서가 아니고 인문과학서도 아니며 일정부분 초과학서이기도 한 이 책을 통해 임 교수는 2007년 '우수과학도서상'을 받았다. 공학자를 넘어서는 '르네상스인'으로 학계의 주목도 받았다. "유명 출판사들이 과학책을 '잘 안 팔린다'며 출간을 거부해 자비 출판했어요. 광고도 거의 못 해 많이 안 알려졌죠. 하지만 현대인이 꼭 읽어야 할 책이니 언젠가는 베스트셀러가 될 거라고 믿어요."

또 한 번 허허 웃는다. 그 모습이 꼭 도사 같다.

"도대체 왜 그렇게 잠시도 가만히 있지 않느냐고 누가 물으면, 행복하고 재밌게 살기 위해서라고 얘기합니다. 제 전공은 사는 거예요. 사는 것에서만큼은 프로페셔널이라고 자부해요."

임 교수의 말이다.

누구나 행복을 원한다. 하지만 임 교수만큼 치열하고 성실하게 '행복'을 추구해온 이는 드물지 않을까. 그가 '삶꾼'이라는 새로운 궤도를 열기에 충분한 이유다.

두려울 것 없는 '싸움꾼'

혜문스님

세상 무서울 것 없는 사람보다 더 무서운 존재는 없다. 혜문스님(38)이 그렇다. 일본 최고 두뇌 집단과 최고 권력자, 도쿄대와 일왕궁을 상대로 문화재 반환을 요구한 승려. 그래서 2006년 도쿄대에 있던 조선왕조실록을 찾아오고, 일왕궁이 소장중인 조선왕실의궤가 올 겨울 우리나라에 돌아오도록 이끈 사람. 그가 바로 혜문이다.

'무서운' 이력과 달리 그가 머무는 곳은 평화롭기 그지없어 보였다. 국립수목원과 이웃한 경기도 남양주시 봉선사(奉先寺). 절문에 들어서자 연꽃으로 가득한 연못이 가장 먼저 시선을 사로잡았다. 아름드리나무가 울창한 절숲을 지나 계속 들어가자 소박한 요사채가 눈에 들어온다. 그중 한 칸, '洗心(세심)'이라고 적힌 현판 아래로 발이 드리워진 방이 그의 숙소다.

미리 일러둘 게 있다. 목가적인 분위기에 취해 무심코 문지방을 넘으면 안 된다는 것이다. 시선이 닿는 곳에서 방문객을 내려다보는 거대한 호랑이의 눈빛에 흠칫 놀라게 될지 모른다.

"북한에서 선물 받은 그림이에요. 그쪽 화풍이 워낙 사실적이죠."

기자가 주춤하는 품을 느꼈는지 방주인이 '하하' 웃음을 낸다. 그가 등지고 앉은 벽면 가득, 커다란 호랑이 한 마리가 형형한 눈빛을 내뿜고 있다.

"저기 걸어놓은 건 호랑이 이빨입니다. 그 옆은 발톱이고요. 지금까지 실물을 보신 적은 없을 거예요."

엄지손가락보다 굵은 짐승의 송곳니, 날카로운 발톱. 이건 진짜다. 그 옆으로 작은 호랑이 조각상 한 개와 다기 한 벌이 있다. 몇 안 되는 소지품에서 사는 이의 성정이 묻어난다. 이 분, 만만치 않을 게 분명하다. 그동안 들어온 소문처럼.

평범한 산중승려였던 혜문스님을 세상에 알린 건 문화재 환수 운동이다. 그는 2007년 '조선왕실의궤환수위원회' 사무처장을 맡았다. 이후 4년간 일본과 줄다리기한 끝에 2011년 봄 일본 의회가 한국 도서 150종 1,205권을 우리나라에 돌려주기로 결정하도록 만들었다. 2006년에는 일본 도쿄대에 소장돼 있던 조선왕조실록을 서울대로 찾아오는 데 큰 역할을 하기도 했다. 1965년 한일협정 이후 사실상 불가능할 것으로 여겨진 일이다.

파사현정(破邪顯正) 환지본처(還至本處)

　　그러나 그를 문화재 환수 운동가라고만 부르기엔 좀 부족함이 있다. 산중 절집에 호랑이를 두고 사는 이 승려는 그동안 이외에도 꽤 많은 일을 해왔다. 2010년 초 그는 국립과학수사연구소가 보관 중인 조선 기생 생식기 표본 폐기 소송을 냈다. 망자에 대한 인권 침해라는 이유에서다. 몇 달 후에는 널리 알려진 슈베르트 가곡 '숭어' 제목이 실은 '송어(Trout)'라며 교과서 정정 신청을 냈다. 또 몇 달 후부터는 명성황후가 생전에 사용하던 표범 양탄자가 한국전쟁 이후 사라졌다며 문화재청, 정부기록보존소 등에 행방을 수소문하고 다녔다. 결국 기생 생식기 표본은 폐기됐고, 교과서의 '숭어'는 2011년부터 '송어'로 고쳐졌으며, 국립중앙박물관은 표범 48마리의 가죽을 이어 붙인 조선시대 대형 양탄자를 소장하고 있음을 고백했다.

　사람들은 그를 '잘못된 것을 보면 꼭 문제 삼는 싸움꾼'이라고 부른다. 다툼과 갈등을 무릅쓰면서까지 세속의 일에 관여하는 '괴짜 승려'라고도 한다. '도대체 왜?' 저자의 질문에 그가 갸우뚱한다. 이유는 무얼까?

　이런 기자의 질문에 그가 갸우뚱한다.

　"그럼 명백히 잘못된 일을 두고 보는 게 수도자의 바른 자세인 건가요?"

　할 말이 없다.

　"제가 생각하는 불교는 그런 거예요. 파사현정(破邪顯正). 삿됨을 깨뜨리고 바른 길을 보여주는 거지요. 금강경에 환지본처(還至本處)라는 구절이 있습니다. 본래의 자리로 돌아간다는 뜻인데, 파사현정을 해야만 환지본처가 가능합니다."

말하자면 그의 모든 행동은 '중노릇'이다. 1998년 출가한 그가 사회적으로 '파사현정'을 시작한 건 2005년부터다. 봉선사 총무과장으로 있던 시절, 말사인 내원암에 토지반환청구소송이 들어왔다. 고소인은 친일파 이해창의 후손. 일제 강점기에 암자 일대 땅을 소유했는데 6·25 전쟁으로 등기부가 소실돼 지금껏 권리 행사를 못했으니 돌려달라는 내용이었다. 알아보니 그 땅은 일제 총독부가 친일의 대가로 이해창에게 무상 임대한 터였다. 규모가 158,700제곱미터(약 4만 8000평)에 달했다. 순순히 돌려주기엔 마뜩치 않았다. 그때부터 '파사(破邪)'를 시작했다. 친일파의 재산권 행사가 타당한지 언론을 통해 문제를 제기하고, 재판부에 '위헌법률심판제청'을 냈다. '현정(顯正)'도 했다. '친일반민족행위자 재산환수특별법' 제정 운동을 펼친 것. 마침 광복 50주년이 되던 해라 세간의 관심이 뜨거워졌고, 그해 12월 관련법이 만들어졌다. 이듬해 법원도 판결을 통해 내원암의 손을 들어줬다.

우연히 벌어진 소유권 분쟁을 친일 재산 환수 문제로 확대시켜 사회 변화까지 이끌어 내다니, 애초부터 수행에 관심을 둔 승려는 아니었던 게 아닌가. 그는 웃으며 고개를 저었다.

"산문(山門) 들어오면서 '나는 이런 일을 해야지' 마음먹는 사람이 누가 있겠어요. 저도 출가하고 한동안은 세상 인연 다 끊고 공부만 했습니다. 2002년 부산 한 선방에서 수행하다 갑자기 고막이 터져버린 적도 있지요. 절집에서 종종 일어나는 일인데, 뇌 활동이 극도로 활발해지면서 에너지가 폭발해 일어나는 사고예요."

방 밖 출입조차 않고 책에만 매달리는 그를 보고 노스님들은 '식광(識狂)났다'며 걱정했다. 실제로 그는 점점 광인이 되어갔다. 구체적인 얘기는 꺼렸지만, 봉선사 스님들이 그와 함께 지내기를 꺼려해 문중 스님이 주지로 있는 양주 회암사로 쫓겨나다시피 옮겨갔을 정도라고 한다. 그가 다시 봉선사로 돌아오고, 선방 밖 세상과 만나게 된 건 2004년 은사인 철안스님이 이 절 주지로 취임하면서부터다.

봉선사는 조계종의 교구 본사(本寺)로 경기북부지역에 있는 조계종 사찰들을 관할한다. 80여개 말사(末寺) 가운데 문화재를 보유한 전통 사찰이 27개. 은사스님은 그에게 이 전통 사찰들의 토지와 문화재 현황을 조사하는 임무를 맡겼다.

"꽤 오랜만에 이뤄진 전수조사였는데 과거 기록과 실제 소장 상황이 많이 달랐어요. 일제 강점기와 한국전쟁을 거치면서 우리 문화재 중 상당수가 사라졌다는 사실을 알게 됐죠. 숙종이 봉선사에 맡겨 관리하던 당대의 세계지도 '곤여만국전도' 역시 일본 쪽으로 반출된 흔적만 남아 있을뿐 자취를 감췄더군요."

불가에서는 '인연'을 소중히 여긴다. 그 역시 마찬가지다. 처음 문화재 관리 업무를 맡은 것, 이 업무를 진행할 때 내원암 소송이 벌어진 것은 우연이었을지 모른다. 그러나 이런 우연이 중첩돼 만들어진 인연이, 결국은 자신이 '싸움꾼'이 될 수밖에 없는 운명을 만들었다고 그는 생각하는 듯 했다.

문화재 제자리 찾기

"오늘 오신다고 해서 이거 꺼내놓았어요. 제 운명을 바꾼 책이에요."

혜문스님이 책상 위에서 책을 한 권 집어든다. 일본 교토 고서점에서 '우연히' 발견한 쓰에마쓰(末松保和)의 『청구사초(青丘史草)』다. 그는 2004년 문화재 조사를 하다 일본어 공부의 필요성을 느끼고 6개월 일정으로 교토에 간 일이 있다. 그때 이 책을 만났고, '이조실록고략청(李朝實錄考略青)' 단원에서 조선 시대 오대산 사고에 보관돼 있던 조선왕조실록이 현재는 도쿄대에 소장돼 있다는 내용을 봤다. 저자는 일본어를 전혀 모르는 까막눈이지만, 한자로 쓰여진 '조선왕조실록' '오대산' '도쿄대' 등의 단어가 선명히 눈에 들어왔다. 혜문스님도 그랬다. 막 봉선사와 말사들의 문화재 현황을 점검하고 온 터라 실록이 어떤 경로로 도쿄대까지 넘어온 걸까 궁금증이 일었다. 일본에 있는 김에 현지 조사를 시작했다.

조선 왕실은 임진왜란과 정유재란을 거친 후 외적의 침입으로부터 국가 기록을 지키고자 전국 4곳(묘향산, 정족산, 오대산, 태백산)에 사고(史庫)를 마련했다. 그중 오대산 사고는 월정사 승려들이 수호 책임을 맡은 곳이었다. 당시 정부가 사고 관리를 맡기며 월정사 측에 토지 및 급료를 지급한 기록, 승려들에게 임명장을 수여한 기록 등도 남아 있다. 그러나 일제 침략이 시작되면서 이 사고에 비극이 시작된다. 초대 조선통감 이토 히로부미를 비롯한 침략자들이 '조선 연구'를 이유로 조선왕조실록을 비롯한 각종 고서를 일본으로 반출했기 때문이다. 월정사 사적기는 "1914년 사고와 선원보각(璿源譜閣)에 있던 책 150 짐을 강릉군 주문진으로 운반하여 일본 도쿄제국대학으로 직행시켰다. 간평리의 다섯 동민이 동원되었는데 3일에 시작하여 11일에 역사를 끝냈다"고 기록하고 있다. 조사를 계속했다. 반출된 실록 788권 대부분이 1923년 관동대지진으로 소실된 사실이 밝혀졌다. 일본 학자들이 대출해갔던 74권만 화를 피했고, 그중 27권은 얼마 뒤 조선의 경성제대로 돌아왔음을 알게 됐다.

"사라져버린 700여 권의 조선왕조실록은 불교계가 지켜야했던 우리 국보였습니다. 당시는 식민지 상황이라 어쩔 수 없었다 해도, 지금껏 일본 땅에 남아있는 것만큼은 꼭 찾아와야겠다는 생각이 들었어요."

그는 한국에 돌아오자마자 학자와 문화 정책 담당자들을 찾아다니며 환수 방법이 없을지 의견을 구했다. 이 과정에서 일왕궁 궁내청에 역시 오대산 사고본 조선왕실의궤가 소장돼 있다는 사실도 알게 됐다. 조선왕실의궤는 1922년 조선총독부가 반출했다는 기록만 남아있을 뿐 어떤 경로로 일본 왕실 내 도서관까지 흘러갔는지조차 알 수 없었다. 생각할수록 마음이 저렸다. 문화재를 있어야 할 곳, 제자리에 두고 싶었다. 그러나 전문가들은 하나같이 "불가능한 일"이라고 고개를 저었다. 1965년 한일협정으로 일본 내 문화재에 대한 반환 청구권이 소멸됐다는 것이다.

저자 걸정(著者 乞正)

"그런데 이것 좀 보세요. 여기 재미있는 글씨가 있습니다."

혜문스님이 다시 '청구사초'를 집어 들었다. 이번엔 표지 바로 뒷장을 열어 저자 앞에 내민다. 단정한 필체로 '著者 乞正(저자 걸정)' 네 글자가 적혀 있다.

"이게 무슨 뜻인지 아시겠어요?"

'저자가 공손히 바로잡음을 구한다'? 네 글자의 의미는 대략 그렇게 풀이됐다. 그가 고개를 크게 끄덕인다.

"네. 이 책이 저자가 지인에게 선물한 초판본인 것 같아요."

말하자면 이렇다. 저자는 이 책을 펴낸 뒤 지인에게 선물하며 맞춤법 같은 오류가 있으면 바로잡아달라는 뜻으로 '저자 걸정' 네 글자를 적어 넣었다. 그런데 그 책이 교토 고서점에 흘러들어가 우연히 일본에 있는 우리 문화재 현황을 궁금해 하던 한 승려의 손에 들어간 것이다. 승려는 책 앞장에서 '저자 걸정'을 본 순간 생각한다.

"이건 이 책에 적힌 잘못된 역사를 바로잡으라는, 나를 향한 메시지가 아닐까. 우리나라 국보로 소중히 간직됐어야 할 조선왕조실록이 일본 총독부에 의해 도쿄대에 옮겨져 여전히 우리 땅으로 돌아오지 못하고 있다. 이 역사의 과오를 바로 잡으라고 하기 위해, 내가 지금 일본에 와 있고 이 책을 만난 것이 아닌가."

그렇게 우연은 인연이 되고, 다시 운명이 됐다. 혜문스님은 2004년 여름, 이 책을 만난 날을 '내 인생이 바뀐 날'이라고 회고한다. 그가 "절대 못 찾아온다"는 주위 사람들의 충고를 무릅쓰고 조선왕조실록 반환운동에 뛰어들게 된 이유다.

일제 강점기를 전후해 일본으로 반출된 우리 문화재가 얼마나 되는 지는 아무도 모른다. 혜문스님이 2007년 일본 국회의원에게 부탁해 확인한 바로는 "약 30만점"이다.

"그런데 한일협정으로 우리나라에 돌아온 문화재는 1,432점밖에 안 돼요. 이렇게 끝내는 게 말이 되나 싶었지요. 마침 그동안 일부만 공개됐던 한일협정 내용이 2004년 완전 공개됐기에 그때 우리가 돌려받은 문화재가 뭔지 세부 항목을 살펴봤습니다."

그리고 자신의 눈을 의심할 만큼 깜짝 놀랐다.

짚신, 막도장, 우체부 모자 같은 것들이 문화재 항목에 버젓이 이름을 올리고 있었다. 조선왕조실록은 일본에 두고, 짚신을 받아온 한일협정을 그는 인정할 수 없었다. 어떻게든 문화재를 찾아와야 겠다는 결의가 굳어졌다. 그러던 차에 '내원암 송사'도 일어났다. '일제 강점기'와 '문화재'라는 두 단어가 갑자기 그의 수도 생활 속으로 뛰어든 것이다. 이어지는 인연을 보며 그는 "이 일을 하기 위해 내가 산문에 들어선 게 아닐까"하는 생각을 했다고 털어놓았다. 친일파 후손의 토지 반환 요구에 분노한 마음 그대로, 그는 식민지 시대 문화재 반출 문제에 대해서도 분노하게 됐다. 광복 후 50년이 지난 지금도 왜 그것들이 돌아오지 못하고 있는 걸까, 우리는 왜 지금껏 그것을 찾을 생각조차 하지 않았나, 친일파 후손조차 제 땅을 찾겠다고 나서는데 나는 뭘 하고 있나, 생각이 꼬리를 물고 이어졌다. 그리고 내원암 소송을 마무리한 뒤 본격적으로 조선왕조실록 환수 운동에 뛰어들었다.

■ 갖고 있을 자격

　　"'한일협정 이후 대한민국 정부는 문화재에 대해 일체의 소유권 및 청구권을 행사할 수 없다'는 문화재 전문가들의 논리를 깨기 위해 혜문스님은 조선시대 오대산 사고 관리책임자였던 월정사 주지스님을 찾아갔다. 월정사가 갖고 있는 문화재 점유·관리권한을 기초로 일본에 실록 반환을 요구하기로 한 것이다. 불교계가 그의 의견대로 뜻을 모았고, 친일파재산환수특별법 제정 당시 힘을 모았던 구리지역 시민 모임 '문화재제자리찾기'도 힘을 보탰다. 조선왕조실록 환수위원회(환수위)도 조직했다. 혜문스님은 2006년 3월 환수위 회원들과 함께 도쿄대 관계자를 처음 만난 날이 아직도 선명하다고 했다.

　　"바들바들 떨더라고요. '올 것이 왔구나' 이런 분위기예요. 그쪽 반응을 보고 '아, 이거 크게 고생하지 않고 돌려받을 수 있겠다' 생각했지요."

　　그리고 단 세 번의 협상 뒤 '반환'이 결정됐다. 첫 만남 자리에서 그는 일본이 오대산 사고 보관 문화재를 가져간 것이 왜 불법인지에 대한 증거를 제시했다. 5월 30일까지 실록 반환에 대한 방침을 밝히지 않으면 '월정사'를 원고로 도쿄지방재판소에 소송을 제기하겠다는 뜻도 밝혔다. 두 번째 만남에서는 완성된 소장을 전달했다.

도쿄대는 결국 5월 30일 '조선왕조실록의 서울대 인도' 결정을 발표했다.

"지금도 사람들이 어떻게 조선왕조실록을 찾아왔느냐고 많이 물어요. 1965년 한일협정 이후 문화재 환수는 사실상 불가능하다고 생각하고 있었으니까, 도대체 무슨 수를 썼냐는 거지요. 그때마다 저는 '가서 달라고 하니 줍디다'라고 말합니다. 정말 그게 전부거든요. 도쿄대 관계자들을 처음 만난 날 물어봤어요. '당신들이 왜 우리 문화재를 갖고 있습니까? 도쿄대가 조선왕조실록을 소장해야 하는 이유가 있나요? 소장할 수 있다고 주장할 만한 근거가 있나요?' 대번 얼굴이 벌게지더라고요. 자기들이 생각해봐도 답이 없으니까 도리 없이 돌려준 거예요."

혜문스님은 동화 '벌거벗은 임금님' 얘기를 꺼냈다. 모든 국민은 임금님이 벌거벗은 걸 안다. 하지만 누군가 용기내 말하지 않으면 세상은 바뀌지 않는다. 어린이가 눈에 보이는 대로 진실을 말했을 때, 당당하던 임금은 얼굴을 붉히고 사람들은 비로소 크게 웃을 수 있게 되지 않았나.

"제가 문화재 반환운동을 '제자리 찾기 운동'이라고 말하는 이유가 그겁니다. 그들이 스스로 생각해보도록 하는 거예요. 내가 이걸 가질 자격이 있나. 이 문화재의 있을 자리가 여긴가. 이 질문에 답하기 위해 필요한 건 오직 양심뿐입니다. 법·외교협정 그런 게 무슨 의미가 있어요. '아 이거 우리 거 아니네. 그래 돌려줄게'라고 깨닫게 되는 순간, 문화재는 제자리를 찾게 되는 거지요."

중이 염불이나 하지

혜문스님이 실록 환수 뒤 바로 일왕궁에 있는 조선왕실의 궤 환수 운동에 뛰어든 이유도 이것이다. 일본 왕실 소유 문화재를 찾아오는 일이 쉽지 않을지라도 역시 '양심의 질문'을 던진다면 해결할 수 있으리라 믿은 것이다.

"일본 사람들한테 '천황'은 신이예요. 그의 소유물을 우리나라로 갖고 오겠다고 하니 '그게 되겠냐' 하는 사람들이 많았죠. 조선왕조실록 반환 때보다 더 비관적인 분위기였어요. 하지만 중이 두려울 게 뭐가 있습니까. 또 한 번 '월정사가 관리권한 갖고 있던 문화재다. 제자리로 돌려달라'라고 말하기 위해 스님들과 함께 목소리를 모았습니다."

그는 실록을 찾아올 때처럼 일본 곳곳 관계자들을 찾아다니며 '양심'과 '자격'을 이야기했다. 이 운동을 진행한 지난 4년 동안 일본을 찾은 횟수가 40여 회가 넘는다. 그 과정에서 일본 국회의원과 시민단체들이 혜문스님의 뜻에 동참했고, 2010년 8월 10일 간 나오토 당시 일본 총리는 한일 강제병합 100년 담화를 통해 "식민지 지배가 초래한 다대한 손해와 아픔에 대해 (……) 통절한 반성과 진심으로 사죄의 마음을 표명한다"며 "일본의 통치기간 조선총독부를 경유해 반출돼 일본 정부가 보관하고 있는 조선왕실의궤 등 한반도에서 유래한 귀중한 도서를 한국민의 기대에 부응해 가까운 시일에 인도하겠다"고 약속했다. 그 의궤가 2011년 한국에 돌아온다.

일본 최고 두뇌 집단 도쿄대를 상대해 조선왕조실록을 찾아오고, 일본 최고 권력 중심 일왕궁에서 조선왕실의궤를 들고 왔으니 더 이상 거칠 것이 없다. 혜문스님은 실록이 돌아오자마자 의궤 환수 절차를 시작한 것처럼, 이번에도 바로 다음 문화재 환수 운동을 시작했다. 도쿄 시내 오구라 호텔에 있는 고려시대 문화재 '평양 율리사지 팔각오층석탑'이다. 월정사 팔각구층탑과 함께 고려의 대표적인 석조 문화재로 꼽히는 이 탑은 국보급 유물이다. 일제시대 남선합동전기회사 사장을 지낸 오구라 다케노스케가 일본으로 1,000여 점의 문화재를 반출할 때 함께 실려나간 이 탑의 환수를 위해 북한의 불교문화재 관리권을 갖고 있는 조선불교도연맹이 혜문스님에게 위임장을 보냈다. 일체의 법률적 권한 행사를 맡긴다는 뜻이다.

"2011년 5월 중순 일본에서 조선왕실의궤 환수 기념 파티를 열었습니다. 일본에서 우리를 도와준 분들을 초청해 여는 행사인데 그 장소를 오구라 호텔로 정했어요. 일본 국회의원들까지 다 모여있는 그 자리에서 호텔 매니저에게 위임장을 전달했지요. '어차피 주실 거, 복잡하게 고민하지 말고 빨리 주세요' 했습니다. 하하하."

또 다른 싸움을 앞둔 그는 즐거워보였다.

스님이 좀 너무 싸우는 것 아니냐는 질문에 그는 또 한 번 크게 웃었다.

"원래 승려라는 게 마음 속에 칼을 갖고 사는 직업입니다. 절 앞에 있는 건물을 심검당이라고 불러요. 칼을 찾는 곳이라는 뜻이죠. 저는 그 서슬 퍼런 칼날로 세상의 잘못된 단면을 잘라가는 겁니다. 임금님

한테 가서 당신 벌거벗었다고 말하는 거예요. 저는 제가 싸움꾼인 게
자랑스럽습니다."

번거로움을
피하지 말 것

절집에 호랑이 그림과 호랑이 송곳니와 호랑이 발톱을 두고 사는 승려, 혜문스님은 여러 면에서 독특하다. 그에게 전화를 걸면 통화 연결음으로 슈베르트의 '송어'가 흘러나온다. 오랫동안 교과서에 '숭어'로 오기돼 있던 그 음악이다. 혜문스님은 문화재 환수 운동가로 널리 알려져 있지만, 그 열정 그대로 우리 사회의 잘못된 부분을 하나하나 고치는 데도 앞장서왔다. '숭어'를 '송어'로 고친 것도 그중 하나다.

필자와 인터뷰하던 날 그는 마침 서울의 한 법정에 서고 돌아온 참이었다. 이번엔 충남 아산시 현충사에 있는 나무가 문제였다.

"현충사가 어딥니까. 이순신 장군 영정을 모신 곳이잖아요. 그런데 거기 일왕에 대한 충성을 상징하는 나무가 있는 겁니다. 하도 어처구니가 없어서 문화재위원회에 뽑아달라고 진정을 냈더니 1970년 박정희 대통령이 직접 심은 나무라 못 옮긴다는 거예요. 문제 있는 건 아는데 대통령 나무라 안 된다니……. 하는 수 없이 행정소송을 냈지요."

가방에서 '현충사 금송존치결정취소'를 구하는 소송 준비서면을 꺼내 보인다. 스님에 따르면 '금송'이라는 품종의 이 나무는 현충사 본전 왼쪽 30미터 지점에 있다. 왜색 짙은 나무라 식재 후 여러 차례 논란이 됐고, 노태우 정부 시절에는 '본청 밖으로 옮기라'는 지침이 내려지기도 했다. 하지만 '전직 대통령이 심은 나무를 어떻게 감히……'하는 '관습법' 탓에 번번이 그 자리에 살아남았단다.

"아는 사람은 다 아는 얘기지만, 현충사 정원이 일본 교토 니노마루 정원과 판박이 아닙니까. 심지어 현충사 연못에는 일본 니카타 현에서 수입해온 비단잉어가 살고 있어요. 박정희 정부 시절 최고로 멋진 조경으로 꾸며놓는다고 한 게 그렇게 된 거죠. 문화재위원회에서도 거기 조경이 문제 많다는 걸 다 인정하는데 그나마 뽑기 쉬운 나무까지 그대로 두겠다니, 이거 코미디 아닙니까, 코미디."

'하하하' 웃음소리가 문지방을 넘었다. 그는 목소리가 크고 말 하는 속도도 빠르다. '스님' 하면 떠오르는 일반적인 이미지와는 아무래도 딴판이다.

"지금은 그냥 두겠다는데 옮기나 안 옮기나 끝까지 해보죠. 인생 길지 않습니까. 하하하."

또 웃는다.

그가 이렇게 '긴 인생을 믿고' 추진 중인 일은 한두 개가 아니다. 2011년 8월 말 그는 행정자치부에 국립과학수사연구소에 보관된 백백교 교주의 머리 표본을 폐기하라는 민원을 냈다. 망자의 명예를 훼손한다는 이유에서다. 9월 초에는 중국에 다녀왔다. 대련에 있는 금강산 종을 찾아오기 위해서다. 일본 오구라 호텔의 고려석탑 역시 당연히 받아올 생각이다. 동시에 일제강점기와 한국전쟁 도중 해외 곳곳으로 반출된 우리 문화재 일람표를 만들어 출간하고, 우리 사회에서 꼭 고쳐야 할 일들을 기록한 책도 집필중이다.

"승려가 왜 자꾸 세상일에 개입하며 싸우냐고요? 명백히 잘못된 일을 그냥 두고 볼 수 없으니까요"

혜문스님의 말이다. 그는 '귀찮으니까, 세상 시끄러워져 좋을 것 없으니까 다소 잘못된 게 있더라도 그냥 두자' 생각하는 보통 사람들의 어깨에 '파사'와 '현정'의 죽비를 내려친다. 그의 '싸움' 속에 '세상을 바꾸는 자'의 새로운 궤도가 있다.

기 · 풍수 연구가

황 병 덕

통일연구원 선임연구위원

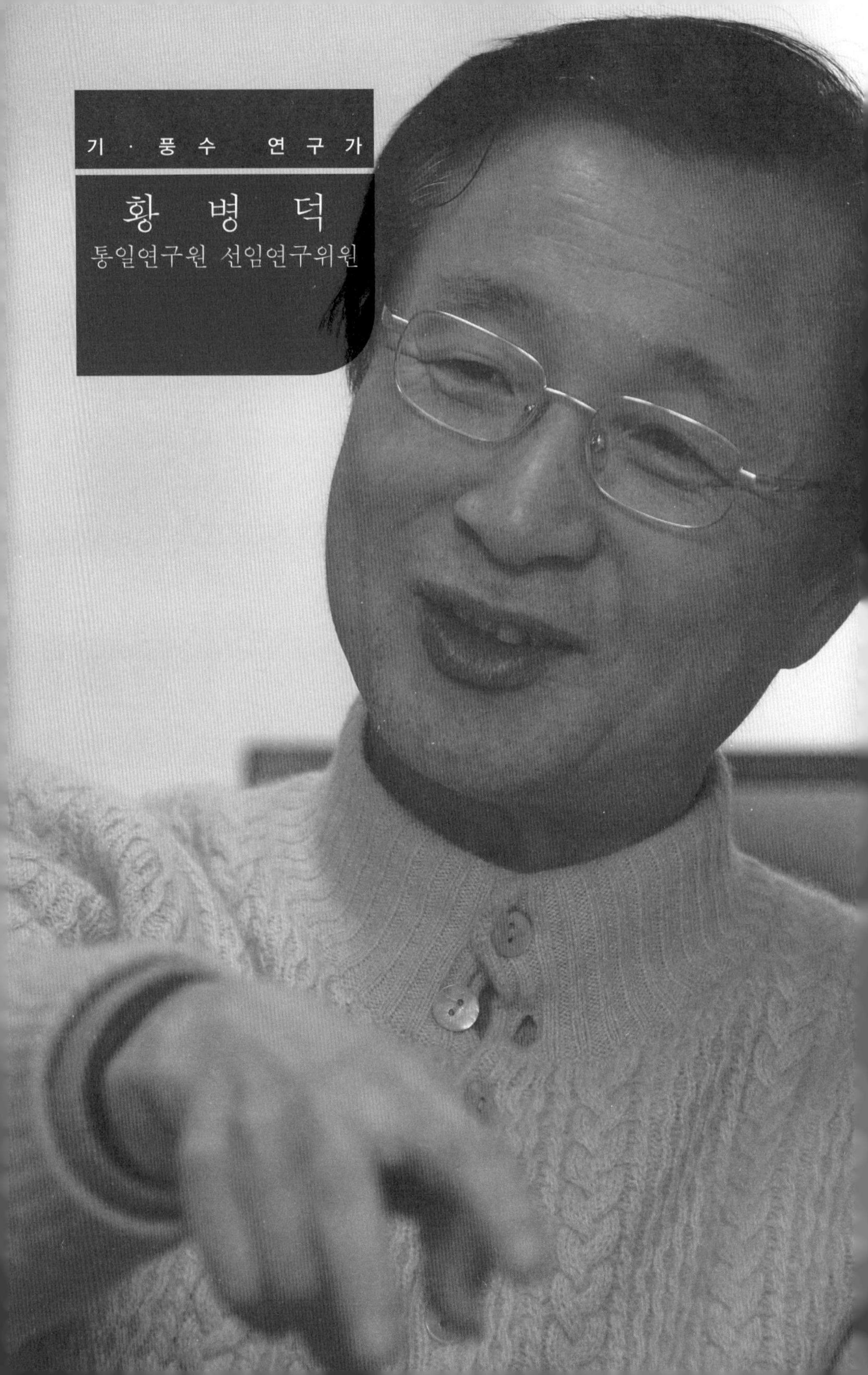

2004년으로 거슬러 올라가보자. 『송하비결(松下秘訣)』이라는 예언서가 장안의 화제였다. 그 해 한반도에 국지전쟁이 발발하고 2007년에는 핵전쟁이 벌어져 북한이 붕괴하며 그 결과 통일이 이뤄진다는 내용을 담고 있었다. 이제 모두 거짓으로 판명된 이 예언이 눈길을 끈 건, 책을 펴낸 이가 통일연구원에 몸 담은 정통 사회과학자였기 때문. 황병덕(58) 박사가 그 주인공이다. '황남송'이라는 필명으로 집필한 이 책을 통해 황 박사는 그 해 여러 언론 매체에 등장했고 떠들썩한 명성을 얻었다.

독일 베를린 대에서 정치학 학사·석사·박사학위를 받은 인물, 김일성 사망 1년 전 그의 죽음을 정확히 예측해 통일연구원 관계자들 사이에서 '도사'로 통하던 사람. 당시 그에 대한 기사에 언급된 이런 설명은 사람들이 『송하비결』 예언에 더 큰 관심을 갖게 만들었다. 직접 만나보니 황 박사의 외모도 도인의 풍모를 강화하는 데 일조했을 듯 싶다. 그는 50대 후반임을 믿기 어려울 만큼 환한 낯빛과 천진한 미소를 갖고 있었다.

"예언서에는 은유와 상징이 많아요. '송하비결'만 해도 19세기 말 평안남도에서 살았던 '송하(松下)노인'의 저서인데, 파자 등을 통해 실제 내용을 교묘하게 감추고 있었죠. 그걸 제가 번역해 세상에 알린 겁니다. 직접 쓴 예언서는 아니라는 거죠."

당시에도 이미 알려져 있던 내용이기는 하다. 다만 편역자의 무게가 워낙 커 상대적으로 소홀히 다뤄졌을 뿐이다. 그렇다면 결국 가짜 예언서에 속아 학자로서의 명성에 흠집을 낸 것 아닌가. 이 질문에 황 박사는 고개를 저었다.

"글쎄요. 당시 제가 풀이한 내용이 그대로 실현되지는 않았지만 저는 '송하비결' 예언이 틀리지 않다고 생각해요."

예의 아이 같은 미소를 짓는다. 이게 무슨 말인가. 우리가 모르는 새 국지전이, 핵전쟁이, 통일이 일어났다는 뜻인가.

"시기적으로는 틀렸죠. 하지만 내용은 맞는 거라는 말씀입니다. 왜 이런 일이 생겼느냐. 그건 어찌 보면 예언서의 숙명이에요. 송하노인이 예언을 하고 보니 이 내용이 세상에 그대로 전해지면 과도한 천기누설 때문에 일대 혼란이 오겠는 거라. 그걸 막기 위해 예언 순서를 뒤섞어놓은 겁니다. 송하비결을 보면 이 책이 2003년쯤 세상에 알려질 거라는 것까지 예언돼 있어요. 그러니 그 뒤의 내용만 순서를 바꿔놓은 거죠."

황 박사는 "이 사실을 책이 나오고 예언이 틀리기 시작한 뒤에야 알게 됐다"고 했다. 그러니 아직도 그는 2004년 '송하비결'에 실린 예언이 이뤄질 것이라고 믿는다는 말이 된다. 한 번 더 되풀이할 수밖에 없다. 국지전, 핵전쟁, 통일……? 이에 대해 그는 고개를 저었다.

■ 작용과 반작용

"예언서의 또 다른 숙명은 바람직하지 않은 천기(天機)를 미리 내비쳐 반대되는 기(氣)를 작동시키는 것입니다. 송하노인은 2003년 이후 한반도에 큰 재앙이 다가올 것을 미리 알고 그때쯤 우리가 이에 대해 대비할 수 있도록 하려고 이 책을 쓴 겁니다. 예언 내용이 세상에 노출되면 그런 결과를 막으려는 사람들의 뜻과 기운이 모여 재앙이 약화될 수 있는 거죠."

황 박사에 따르면 하늘이 만들어놓은 법칙을 인간이 전면적으로 바꾸는 건 쉽지 않다. 하지만 부분적으로 수정하는 건 가능하다. 그가 소개하는 예를 들어보자.

『송하비결』이 한반도에 전쟁이 일어날 것이라고 예견한 2004~2005년, 미국은 신예 스텔스 전폭기를 한반도에 배치했고 전쟁 가능성은 그 어느 때보다 높아졌다. 하지만 북한이 미국에 직접 대적하지 않고 조심스럽게 핵문제에 접근하면서 전쟁을 피해갔다. 예언가들이 전쟁 가능성을 언급하지 않았다면, 실제로 전쟁이 발발할 수 있었다는 주장이다.

"우주는 진동하는 기(氣)들이 거미줄 같이 연결돼 있는 하나의 장 (場)입니다. 특정 시공간에 나타나는 기의 조합을 바탕으로 특정 국 가·지역·사람의 기 프레임(frame)이 만들어지지요. '송하비결'의 예언 은 일단 천기만을 담고 있어요. 이것이 누설되면 인간 사회에서 반대 의 기 프레임이 형성돼 선천적인 기를 제어하고 균형을 이루게 만듭니 다. 그것이 '송하비결' 집필 의도이자 존재 의의인 거예요."

그러나 하늘의 섭리가 인간의 노력으로 바뀔 수 있는 거라면, 그리 고 실제로 바뀌었다면 '송하비결 내용이 맞다'는 그의 믿음은 증명할 방법이 없지 않은가.

"좋은 꿈을 발설하면 꿈이 실현되지 않는다는 얘기가 있죠? 좋은 일에는 꼭 마가 따른다는 말도 있고요. 이게 바로 기의 작용과 반작 용입니다. 천기는 정해져 있어요. 그걸 알지 못하면 섭리대로 진행됩 니다. 그런데 누군가 후손에게 큰 손해를 입힐 천기를 알게 됐다고 합 시다. 그걸 그냥 두고 볼 수 있겠습니까. 예언자들은 그런 사태를 막 기 위해 위험을 무릅쓰고 하늘의 비밀을 공개하는 겁니다. 최소한의 방어 장치로 은유적인 표현을 사용하는 거고요. 송하노인처럼 발생 시기를 뒤섞어놓기도 하지요."

그의 말은 상당히 비과학적으로 들렸다.

사회과학자가 한학에 통달해 비결서를 해석하는 것까지야 이해할 수 있지만, 논증이 불가능한 '기'를 근거 삼아 "송하비결이 맞았다"고 주장하는 건 받아들이기 힘들지 않은가. 그는 또 한 번 수줍게 웃어 보였다.

"맞습니다. 나는 '사이언스'를 하는 사람이에요. 동양학 공부를 오래했지만 '기' 같은 건 믿지 않았지요. 특히 조상 묘를 잘 쓰면 거기에서 좋은 기가 발원해 후손한테 전해진다는 풍수 같은 건 말이 되느냐, 생각했어요. 그런데 기가 있다는 걸 직접 확인하니 생각이 바뀝디다."

오행 순환

"이런 걸 다 보여드려야 하나……" 잠시 망설이던 그가 불쑥 "여기 돌 있는 거 보이세요?" 질문을 던졌다. 그러고 보니 그의 책상 오른쪽에 남자 손바닥 정도 크기의 길쭉한 돌 두 개가 놓여 있다.

"저쪽에도 있죠?"

책상 왼쪽에는 좀 크고 뾰족한 돌이 한 개 놓여 있다.

"풍수적으로 진법을 쓴 겁니다. 형기(形氣)라는 말이 있어요. 모양이 기운을 만들어낸다는 뜻이지요. 뾰족한 돌은 화(火) 기운, 길쭉한 돌은 목(木) 기운을 갖고 있습니다."

한 바퀴, 연구실을 둘러봤다.

돌이 책상 위에만 있는 게 아니다. 문 입구 책장 위에는 작지만 넓적한 돌 두 개가 놓여 있다. 그 돌은 금(金) 기운을 뿜어내고 있단다. 보이지 않는 곳에도, 황 박사는 직접 강에서 주워온 다양한 기운의 돌을 놓아두었다고 말했다.

"자, 보십시오."

그가 '기맥봉(氣脈棒)'이라고 부르는, 'ㄱ'자 모양으로 꺾인 안테나 모양의 은빛 막대를 들고 일어섰다.

"저는 손을 전혀 움직이지 않습니다. 내가 책장 앞에 서면 이것이 어떻게 움직이는지 주의 깊게 보세요."

그가 '금성(金性)' 돌 앞에 서자 막대는 원 모양을 그리며 돌아갔다. 손에 나무 조각을 쥔 채 다시 같은 자리에 서자 이번엔 움직이지 않았다.

"이 막대는 기장을 체크하는 도구예요. 기장이 서 있는 위치에서 돌아갑니다. 그럼 나무 조각을 쥐었을 때는 왜 안 움직였느냐. 나무의 목 기운이 내 몸에 흐르면서 돌의 금 기운과 충돌해 기의 흐름이 멈췄기 때문입니다."

그는 이런 방식으로 기를 '실측'했다고 했다.

기자가 직접 '기맥봉'을 들고 기를 느껴보기로 했다. 그러나 황 박사의 설명과 달리 기맥봉은 제멋대로 움직였다. 같은 위치에 서도 때로는 돌아가고 때로는 멈췄다.

"단전호흡을 안 하셔서 그래요. 기를 제대로 측정하려면 단전에 힘을 모으고 마음을 비워야 합니다. 마음도 기이기 때문에 '이게 될까' 의심하거나 '여기서 실은 목 기운이 나오는 거 아닐까' 생각하면 영향을 받고요. 텔레파시가 그런 거 아닙니까. 마음의 기가 전해지는 것."

일단은 수긍하고 넘어갈 수밖에 도리가 없다. 어쨌든 황 박사는 이런 체험을 통해 기의 존재를 확신하게 됐고, 『송하비결』 번역을 넘어

풍수와 기 연구로 나아갔다고 했다.

■ 하늘, 땅, 사람의 기운

그에 따르면 기는 생명의 근원이다. 금·목·수·화·토 오행은 기의 최소단위를 구성한다. 이깃 자체가 길흉을 갖고 있는 건 아니지만, 우주에서 유전하다 특정 시공간에 어우러질 때 강약과 밀도에 의해 만들어지는 기장(氣場)에는 성격이 있다. 이 기의 묶음이 인간에게 좋게 작용하면 생기, 나쁘게 작용하면 사기라고 부른다. 생명체가 생성될 때 속해 있는 기장이 어떤 성격을 갖고 있는지는 이후 이 생명의 흥망성쇠에 영향을 미친다. 사람이 보다 건강하고 행복하게 살 수 있도록 생기가 일어나는 장소를 찾는 것, 혹은 그런 기운을 만들어내는 것이 바로 풍수다.

황 박사는 자신의 연구실을 오행의 기운이 각각 20%씩 순환하며 조화를 이루도록 만든 기장이라고 소개했다. 이곳에서 만들어지는 생기는 방의 가운데, 그가 앉는 자리를 향해 모여든다. 이 방위를 잡기 위해 그는 '나경'이라는 도구를 사용했다. '우주의 모든 것을 포함하고 천지의 이치를 다스린다'는 뜻의 '포라만상(包羅萬象) 경륜천지(經綸天地)'에서 '라(羅)' 자와 '경(經)' 자를 따와 이름 붙인 도구다.

그가 이번엔 '나경'을 꺼내 보였다. 중앙의 나침반을 둘러싸듯 14개의 원이 그려져 있는데, 각각의 원에는 10개의 천간, 12개의 지지, 주역의 팔괘, 천문 별자리 등이 빽빽하게 적혀 있었다. 그는 이 도구로 우주에 내재된 산천의 정기를 분별하고, 적절한 방위와 적절한 위치에 오행의 흐름을 만든다고 했다.

"일찍부터 사주 명리에 관심이 많아서 나름대로 사람들의 운을 많이 풀어봤어요. 그러다가 김일성의 죽음도 맞힌 거고요. 그런데 도무지 사주 상 일어날 수 없는 일이 발생하거나 같은 사주의 사람이 완전히 다른 삶을 사는 건 어떻게 해석해야 할지 당황스러울 때도 많았습니다. 기와 풍수를 접한 뒤 비로소 그 비밀이 풀린 거지요."

그는 우연한 기회에 중국 당나라 국사(國師) 양균송(楊筠松)의 풍수 이론을 접하고는 '이것이구나' 무릎을 쳤다고 했다. 양공은 사람이 살면 좋은 '양택'과 묘 쓰기 좋은 '음택'을 알아내는 여러 방법을 밝혀뒀는데, 각각의 예시 장소를 황 박사 자신이 알아낸 기 측정법으로 분석한 결과 하나같이 생기가 높았다는 것이다. 그는 기맥봉이 얼마나 돌아가는가, 원의 크기가 어느 정도 큰가 등을 통해 기의 유무뿐 아니라 강도도 파악할 수 있다고 했다.

"처음에는 학문적인 호기심이 생겼지요. 이 사람의 이론이 정말 맞나, 풍수라는 게 뜬구름 잡는 얘기가 아니라 과학인건가 확인해보고 싶었어요. 그런데 공부하면 할수록 풍수를 제대로 아는 것이 인류의 행복 증진에 도움이 될 것이라는 확신이 들었습니다."

그는 풍수 공부의 목적이 '인류 행복 증진'이라고 했다. 자신에게 닥칠 위험을 무릅쓰고 후손들을 위해 『송하비결』을 썼다는 '송하노인' 만은 못해도, 보통 풍수가와는 다른 수준의 책임감이다. 그는 "인간은 누구나 흉을 피하고 길을 추구하며 행복하게 살기를 원한다. 그러기 위해서는 생기가 필요하다. 풍수는 바로 그 기운을 찾아주는 학문"이라고 힘주어 말했다.

"흔히 풍수는 땅의 기운이 결정짓는다고 생각하지요. '좌청룡 우백호'나 방위 정도만 따지면 명당을 찾을 수 있다고 생각하고요. 하지만 그 시간 그 장소에 특정한 기운이 형성되도록 하는 것은 하늘입니다. 조선왕조를 예로 들어볼까요. 조선왕조 개국의 기운은 강원도 삼척시 미로면에 있는 이성계의 5대조 할아버지 묘에서 나왔다고 알려져 있습니다. 제가 가봤는데 정말 명당이에요. 지역 문화재로 지정돼 잘 관리되고 있고요. 그럼 이렇게 물어봅시다. 그런 명당에 선영을 모시고 후손들이 끊임없이 정성을 기울였는데 왜 27대를 끝으로 왕조가 멸망한 겁니까."

그는 이것이 바로 '하늘의 기운' 때문이라고 말한다.

그에 따르면 모든 명당은 우주의 기운을 받아 만들어진다. 특정 시공간의 기운은 지구가 주변 천체들과 어떤 관계에 있는가, 즉 천문에 좌우된다. 이런 우주의 기운은 평균 약 90년 단위로 변화하는데, 시기나 장소에 따라 변동 폭이 크다. 즉 명당이 뿜어내는 생기는 오래 지속될 수도 있고, 얼마 미치지 못할 수도 있다.

그가 내놓은 '나경'에 별자리가 적혀 있는 것은 이 때문일 것이다.

"박정희 전 대통령의 선영을 기풍수적인 측면에서 분석해보니 경북 구미시 상모동에 있는 조모의 묘가 명혈인 것으로 나왔습니다. 그러나 이 묘의 시운은 박정희 대통령 재임 시절 가장 강력했고, 지금은 그때에 크게 못 미칩니다. 좋은 풍수가라면 천문을 읽고 하늘의 기운을 통해 지기를 파악할 수 있어야 하죠."

운이 다하면 死地로 찾아든다

풍수를 쓸 때 또 하나 고려할 것은 사람의 기운이다. 황 박사에 따르면 아무리 천문과 지기가 조화를 이룬 명당이 있어도, 사람의 기운이 좋지 않으면 그 땅을 차지하지 못한다. 그는 땅과 하늘의 기를 파악하기 위해 그동안 하루 열 시간 이상씩, 밥 굶고 잠 안 자가며 풍수를 공부했다고 했다. 한자로 쓰인 양공의 책을 60번 이상 읽어 내용을 거의 외울 정도가 됐단다.

"양공이 명당이라고 하는 곳은 일일이 기를 체크했습니다. 왕 만들 자리, 재벌 만들 자리를 무척 많이 알게 됐지요. 하지만 아무한테나 그 자리를 얘기해주지는 못합니다. 좋은 자리에 들어가려면 인연이 있어야 하거든요. 혼이 깨끗해야 하고요. 오염된 영혼은 명당에서 만들어지는 엄청난 양의 생기를 흡수하지 못하고 밀려납니다. 음택의 경우 영혼이 아예 떠내려가버려 오히려 후손에게 해가 될 수 있어요."

그는 이렇게 하늘, 땅, 사람의 기운을 종합적으로 고려하는 풍수를 삼원(三元)지리풍수라고 불렀다. 황 박사에 따르면 음택을 잡아주는 풍수가에게는, 자손이 받는 것보다 두 배나 강한 기운이 미친다. 다른 사람에게 삼원이 조화를 이룬 좋은 자리를 많이 잡아준 풍수가는 신선이 되지만, 반대의 경우는 비참한 말로를 맞는다는 뜻이다.

"유명한 풍수가치고 말년이 좋은 사람이 몇이나 됩니까. 하늘·땅·사람 기운을 다 보지 못하고 자리를 잡아줘서 그런 겁니다. 대선 때만 되면 선영을 옮기는 정치인이 많지요. 2002년 대선 때는 한 유력 정치인이 이장하면서 지관에게 8억원을 줬다고 들었습니다. 그런데 대권을 잡기는커녕, 아예 정치에서 은퇴했어요. 그런 자리를 잡아준 분은 나중에 화를 두 배로 입는 거예요."

그는 "신기한 건 사람의 기운이 다하면 아무리 애를 써도 사지(死地)를 찾아가게 된다는 점"이라며 "좋은 자리를 정해줘도 인연이 안 되는 사람은 땅을 구입하지 못하거나, 실수로 다른 곳을 사는 식으로 꼭 운을 비껴간다. 어쩌면 그때 그 지관을 만나 묘를 옮긴 것도 그 정치인의 기운이 다 했기 때문일 것"이라고 했다.

황 박사의 이야기는 이렇게 운명개척론과 숙명론 사이를 수시로 오갔다. 풍수를 공부하고 명당을 찾는 것은 인간의 노력으로 운을 바꾸기 위함일 텐데, '아무리 애써도 결국은 정해진 대로 흘러가게 돼 있다'니, 이건 명백한 숙명론 아닌가.

"우스운 얘기로 들리겠지만 제가 하려는 말은 착하게 살아야 한다는 겁니다. 예부터 어른들이 마음을 비우라고 하지요. 마음을 비우라는 건 살아가면서 쌓게 되는 탁기나 사기 같은 걸 없애라는 뜻입니다. 그런 게 사라지면 태어날 때 하늘에서 받은 성(性)과 명(命)이 드러나요. 그리고 우주의 기운이 들어오지요. 기는 유유상종이에요. 좋은 기는 좋은 기끼리, 나쁜 기는 나쁜 기끼리 몰려다닙니다. 마음을 비우면 하늘의 기가 모이고, 헛된 욕심을 부리면 이미 가진 좋은 기운도 까먹게 됩니다. 착하게 살면 복 받는다는 게, 어떻게 보면 운명개척이고 동시에 숙명론 아닙니까."

■ 북한 급변 사태

　　그는 "사람의 기를 체크해보면 영혼이 맑은지 오염됐는지, 그래서 이 사람이 좋은 기운을 받을 것인지 아닌지 대번에 알 수 있다"고 했다. 그러더니 불쑥 "요즘 북한 쪽을 보면 부자(父子)가 다 썩 안 좋다"는 얘기를 꺼냈다.

　　"제가 기를 체크하고 내린 결론은 3대 세습은 안 된다는 겁니다."

　　미래 예언이다. 그가 언급한 '부자'는 김정일 국방위원장과 아들 김정은을 말한다. 그들의 기를 대체 어떻게 체크했다는 걸까.

　　"아까 텔레파시 말씀드렸지요. 사람의 기운은 오고 갈 수 있습니다. 직접 대면하고 기운을 체크하는 게 가장 정확하지만, 집중력이 있으면 멀리 떨어진 사람의 것도 얼마든지 할 수 있어요. 처음엔 사진을 놓고 하고, 그 다음엔 이름을 써놓고 하고, 이렇게 훈련을 하다보면 점점 마음 집중도가 강해져서 집중해 생각하는 것만으로도 그의 기운을 느낄 수 있지요."

　　황 박사는 2010년 김정일 국방위원장의 건강이상설이 불거진 뒤부터 수시로 이들 부자의 기를 체크하고 있다고 했다. 결론은 김 위원장이 2011년 하반기를 넘기지 못할 것이라는 것, 그리고 아들로의 권력 승계는 어렵다는 것이다.

"요새 급변사태 말이 많이 나오는데, 당장 북한이 무너질 것 같지는 않습니다. 하지만 2011년 7~8월경부터 11월까지 집중적으로, '안보 위기'라고 할 만한 상황이 올 겁니다. 경우에 따라서는 북한이 강원도 철원이나 경기도 일원에서 뭘 좀 이렇게 할 수도 있을 것 같고. 그럼 또 경우에 따라 미국이 북한의 핵시설을 때릴 수도 있을 겁니다."

2004년 당시 그가 내놓았던 '핵 전쟁' 예언의 재판처럼 들린다. 하지만 그는 "핵 전쟁 기운은 당시의 천기누설을 통해 이미 상당부분 완화됐다. 지금 말하는 건 국지적인 충돌"이라고 선을 그었다.

"이런 문제는 2012년 초쯤 김정은이 축출당하는 등의 과정을 거쳐 정리될 겁니다. 이후 지금보다는 개혁적인 세력이 정권을 잡을 것 같습니다."

이 모든 예언은 그가 기 측정 방식을 통해 내다본 것이다. 황 박사는 이런 내용을 털어놓는 데 거침이 없었다. 이미 한 차례 '거짓 예언' 소동으로 세상을 떠들썩하게 했음에도 조심하는 기색이 별로 없었다.

"예전에는 '송하비결'의 자구를 그대로 믿고 해석했다면, 지금은 거기 나온 구절을 근거로 제가 우주의 기운을 직접 체크하거든요. 그 덕에 송하노인이 예언의 시기를 뒤바꿔놓았다는 것도 알게 된 거고요. 아까 말씀드렸듯이 미래는 천문과 인간 세상의 기운 변화에 따라 조금씩 달라질 수 있습니다. 하지만 하늘이 정해놓은 큰 흐름은 인간의 힘으로 바꿀 수 없지요."

내친김에 당초 그가 2007년에 이뤄진다고 풀이했던 남북통일은 어떻게 되나 묻기로 했다. 이에 대해 황 박사는 "빨라도 2010년대 후반기에나 가능할 것 같습니다"고 했다.

지금은 하늘에 금(金)의 기운이 강해 목(木)기가 강한 한반도의 시련기라는 것이 그의 설명이다. 황 박사는 전 지구적인 자연재해도 이 금 기운의 영향으로 풀이했다.

"지금 우주가 금 기운으로 가득 차 있어요. 전체 기운의 90퍼센트가 금일 정도로 엄청나게 강합니다. 하늘의 기운이 이렇게 한쪽으로 치우치면 지상의 오행구조가 파괴돼 상극이 발생하고 변괴가 일어나지요."

이런 기운은 2010년대 후반부터 조금씩 바뀌어 2020년대가 되면 균형을 찾는다. 이때 한반도의 국운도 융성한다고 한다.

■ 2040년 미중전쟁

"제가 천문을 조사한 바로는 그 무렵 중국에서 민주화 요구가 분출하고, 티베트 독립 등 소수 민족의 독립 문제가 불거질 겁니다. 이때 통일한국은 만주 같은, 우리의 고토(古土)를 회복할 가능성도 있을 것으로 보입니다."

역시 놀라운 예언이다.

그렇다면 우리나라가 중국을 넘어서는 막강 대국이 된다는 뜻인가.

그러지 않고서야 어떻게 만주를 대한민국 영토로 편입할 수 있다는 말인가.

"당장 그렇지는 않을 겁니다. 일부 민족이 독립한다고 해도 중국은 계속 미국과 함께 국제 사회의 양강 구도를 지키겠지요. 양국은 대립과 경쟁을 거듭하다 2039년 혹은 2040년쯤 패권 전쟁을 벌일 것 같습니다."

황 박사의 예언을 마냥 허황된 것으로 치부할 수 없는 건, 그가 통일연구원에서 중점적으로 연구하는 주제가 바로 미중관계이기 때문이다. 그는 '중국의 G2 부상과 한반도 평화통일 추진 전략' 프로젝트 팀의 연구 책임자를 맡고 있다.

"미중이 패권 갈등을 벌이고 남북은 분단된 상황에서 우리나라가 생존을 지키려면 어떻게 해야 할까. 나아가 통일을 이루려면 어떻게 해야 하는가"는 그의 오랜 관심사다.

"천문 기운을 체크하는 것과 더불어 학자로서의 연구와 분석도 계속하고 있습니다. 장차 다가올 위기를 예상하고 돌파 방법을 찾기 위한 것이지요."

그가 "인류의 미래를 위해 풍수를 공부한다"고 주장한 것은 이런 생각과 맥이 닿는 것으로 보였다. 그는 자신이 예언을 이용해 혹세무민하려는 것이 아니기에 당당하다고 했다. 앞으로도 국제 관계와 더불어 기 과학의 세계를 연구해갈 생각이다.

"기는 독자적인 운동 법칙을 갖고 특정 구조를 형성하고 있으며, 시간 변화에 따라 스스로 변동해나간다. 그러나 인간은 그 과학적 법칙성을 모르기 때문에 기의 변화무쌍한 역동성에 무방비로 노출돼 있다. 풍수는 신비한 탈을 벗고 실증성을 지닌 과학으로서, 기의 운동 법칙을 연구하는 학문으로 자리매김돼야 한다."

황 박사가 펴낸 풍수연구서 『삼원지리 풍수』의 서문이다. 이 학문의 길을 열어가는 게 사회과학자 겸 기 연구가 황 박사의 꿈이다.

불가능한 것을
꿈꿀 것

'사회과학'의 사전적 의미는 이렇다.

"사회 현상을 지배하는 객관적 법칙을 해명하려는 경험 과학을 통틀어 이르는 말."

황병덕 박사는 사회과학을 하는 사람이다. 마땅히 객관적인 법칙을 세워야 한다. 그러나 그의 관심사는 그 너머에까지 뻗어 있다. 연구실에 다양한 모양의 돌을 배치해 기장(氣場)을 만들고, 미래예언서『송하비결』을 번역한 것만 봐도 그렇다.

물론 황 박사가 아무 근거 없이『송하비결』을 믿는 것은 아니다. 그는 2001년 이 예언서가 미국 9·11 테러를 예언했다는 이야기를 들었다고 했다. 2000년 말 출간된 한 책자에 비결의 일부가 소개됐는데, 그 내용이 9·11 테러와 기가 막히게 들어맞는다는 것이다. 직접 찾아보니 '滄海大島

(창해대도) 柏石化赤(백석화적) 白屋賊侵(백옥적침)'이라는 구절이 눈에 들어왔다. 직역하면 '넓은 바다 큰 섬나라 큰 건물이 붉게 변하고 흰 집에는 도적이 침입한다'는 뜻이 됐다. 실제로 2001년 가을 미국(大島)의 뉴욕 세계무역센터 건물(柏石)은 항공기 테러로 붉게 변했고(化赤), 펜타곤(白屋)도 공격(賊侵)을 받았다. 사건이 터지기 전 예언서가 공개됐다니, 일단은 고개를 끄덕일 만하다.

그를 놀라게 한 대목은 하나 더 있다. 2001년 당시 황 박사는 예언서의 2002년 부분에서 '목하첨자(木下添子) 목가병국(木加丙國) 존읍정복(尊邑鼎覆)'이라는 구절을 봤다. '이(木+子=李)씨가 나라(國)를 잡으려(木+丙=柄)하는데 정(尊+邑=鄭)씨가 솥단지를 뒤엎는다(鼎覆)'로 풀 수 있을 것 같았다. 이 내용은 2002년 대선 정국에서 그대로 실현됐다. 초반 우세를 달리던 이회창 후보가 정몽준·노무현 후보의 단일화와 이후 정몽준 후보의 변심으로 대권 획득에 실패한 것이다.

이 두 사건은 황 박사에게 『송하비결』이 예사 책이 아니라는 확신을 줬다. 2004년 발표한 해제(解題) 중 상당수가 틀린 것으로 밝혀진 지금도, 그는 이 비결서가 한반도와 세계의 미래에 대한 중요한 정보를 담고 있다고 믿는다. 그동안 공부해온 풍수와 천문 지식을 종합적으로 활용해 내린 결론도 이와 다르지 않다고 한다.

황 박사의 꿈은 "풍수가 신비의 탈을 벗고 실증성을 지닌 과학으로, 기의 운동법칙을 연구하는 학문으로 자리매김 되도록 하는 것". 그래서 자신의 전공 분야와 풍수를 함께 연구하는 것이 전혀 어색하지 않은 세상을 만드는 것이다.

'비과학의 세계'로 여겨지는 분야를 객관화하겠다는 그의 시도는, 일반인의 눈으로 볼 때 '불가능한 미션'으로 보이기도 한다. 하지만 그는 이를 위해 전국의 풍수 명소를 답사하고, 다양한 기 체크법을 개발하는 등 노력을 계속하고 있다. 이 도전을 통해 '기'와 '풍수'가 과학의 한 영역으로 인정받을 수 있게 될까. 그렇다면 그는 새로운 학문의 궤도를 여는 인물이 될 것 같다.

누가 뭐라든:
너만의 궤도를 그려라

ⓒ 송화선 2011

초판 인쇄   2011년 10월 10일
초판 발행   2011년 10월 20일

지은이   송화선

펴낸이   김승욱
편집   장윤정 정은아
디자인   윤종윤 문성미
마케팅   이숙재
펴낸곳   이콘출판(주)
출판등록   2003년 3월 12일 제406-2003-059호

주소   413-756 경기도 파주시 교하읍 문발리 파주출판도시 513-8
전자우편   book@econbook.com
전화   031-955-7978
팩스   031-955-8855

ISBN 978-89-90831-98-9 03320

* 이 도서의 국립중앙도서관 출판시도서목록(CIP)은 e-CIP홈페이지(http://www.nl.go.kr/ecip)와
  국가자료공동목록시스템(http://www.nl.go.kr/kolisnet)에서 이용하실 수 있습니다.
  (CIP제어번호: CIP2011004262)